Karl Heinz A. Lorenz

Typisch Kunde!

Die Grundlage jedweden Wohlstands:
Lernen. Lernen. Lernen.

Richard Maier

Karl Heinz A. Lorenz

Typisch Kunde!

Angewandte Verkaufspsychologie
Professionelle Gesprächsführung
Verkauf mit Perspektive

Lorenz-Verlag
Elmstein

Lorenz-Verlag Elmstein
Esthaler Strasse 28
67471 Elmstein

Textredaktion: Jasmin Kirchner/Regine Lorenz
Fotografie: Marc Sigrist, München
Umschlagfoto: md-grafix, Weidenthal
Satz: Beatrix Schmitt, München
Druck: Schötter-Offsetdruck GmbH, Oberhaching

Printed in Germany
ISBN 978-3-940094-00-1

Sie finden uns im Internet unter
www.lorenz-verlag.eu

1. Vorwort

Seit die Menschen den Handel für sich entdeckt haben gibt es die Tätigkeiten des Einkaufens und Verkaufens, Kunden und Verkäufer. Ohne Handel würde unsere Welt, so wie sie heute ist, nicht funktionieren. Zahllose Verkäuferinnen und Verkäufer, Professionelle wie Laien, sorgen dafür, dass wir täglich all die Dinge erhalten können, die wir zum Leben so benötigen oder die uns einfach nur erfreuen.

Während dieser langen Zeit machten die Menschen ihre persönlichen Erfahrungen mit dem Verkauf, entwickelten Theorien und Praktiken, das Verkaufen nicht nur zufällig geschehen zu lassen, sondern zielgerichtet und erfolgreich anzugehen. Heute können wir auf ein großes Angebot an Fachveröffentlichungen in Zeitschriften und Buchform ebenso zurückgreifen, wie auf Lehrvideos, Computer Based Trainings, Symposien und Verkaufsseminare.

Zahlreiche Veröffentlichungen für Verkaufsexperten konzentrieren sich auf die Methodenkompetenz. Den Verkäuferinnen und Verkäufern wird strukturiertes Vorgehen empfohlen und, wenn es in Seminaren seine Fortsetzung findet, entsprechend trainiert. Auch ich stimme diesem Teil der Entwicklung von Verkaufskompetenz grundsätzlich zu.

Doch eine gute Methode allein reicht bei weitem nicht aus, auch ein gutes Verkaufsgespräch zu führen. Damit dieses ganz besondere Gericht ‚Verkauf‘ beiden, dem Kunden wie dem Verkäufer, wirklich mundet und nicht als fade empfunden wird, muss die entsprechende Würze hinein.

Den guten Geschmack erzeugen dabei eine emotional positive Einstellung des Verkäufers, Menschenkenntnis und vor allem das ehrliche, offene Interesse am Wohl des Kunden. Für die passende Unterhaltung sorgen das rhetorische Geschick und die grundsätzliche Freude an der kommunikativen Begegnung mit anderen Menschen. Damit das Gericht nicht nur schmeckt, sondern auch wohlverdaulich wird, gehört, insbesondere beim Verkauf komplexer Produkte und Dienste, ein „gerüttelt' Maß“ an betriebswirtschaftlichem Verständnis, Wissen um die nach einem Verkauf anlaufenden Abwicklungsprozesse, verbunden mit Verantwortungsbewusstsein, diese bis zu einem gewissen Grad nach zu verfolgen.

Der Kunde soll schließlich nicht nur kaufen, er soll auch erhalten, was gewünscht und zugesagt wurde. Aus diesen positiven Erfahrungen heraus entwickelt sich eine lebendige, konstruktive Partnerschaft zwischen Lieferant und Kunde, die von Vertrauen und dauerhaft stabilen Beziehungen geprägt ist.

Wenn ich mit diesem Buch etwas dazu beitragen kann, Kunden und Verkäufer näher zusammen zu bringen, wenn ich vor allem den Verkäufern Wege aufzeigen kann, mehr Erfolg und zugleich größere Freude mit ihrem Beruf zu haben, dann will ich gerne mit dem Ergebnis zufrieden sein.

Für die praxisbezogenen Inhalte dieses Buches trugen vor allem die zahlreichen Teilnehmerinnen und Teilnehmer meiner Verkaufsseminare bei. Ich durfte mit ihnen arbeiten, sie bei Rollenspielen beobachten, mit ihnen zahlreiche Aspekte der Verkaufsarbeit erörtern und vor allem lernen. Ihnen gilt zu allererst mein Dank.

Im Kapitel „Theoretische Grundlage“ finden Sie in einer kurzen und, wie ich hoffe, prägnanten Darstellung die kommunikationstheoretischen Wurzeln, aus denen *Typisch Kunde!* erwachsen ist. Konzipiert habe ich dieses Buch jedoch nicht für Wissenschaftler und deren übervolle Regale im psychologischen Elfenbeinturm, sondern vor allem für Praktiker im Verkauf.

Elmstein, im Januar 2007 Karl Heinz A. Lorenz

2. Inhalt

1. Vorwort **5**

2. Inhalt **7**

3. Zum Gebrauch dieses Buches und wie Kundentypologien Ihren Verkaufserfolg fördern **10**

4. Verkauf ist ein Rollenspiel **14**

5. Rahmenhandlung und Grundlagen **18**

Der Mensch an sich 18
Das Erbe unserer Vorfahren 19
Einflüsse und Prägung 22
Der freie Wille 24
Jeder ist, wie er ist. Eigenheiten und typische Wesenszüge von uns Menschen 26
Gedanken und Wurzeln des Konzepts 28
Das Bedürfnis nach Nähe und Liebe 29
Distanz schafft persönliche Freiheit 31
Dauerhaftes vermittelt Sicherheit 33
Abwechslung und Neues als Grundprinzip 37
Ausgeglichenheit oder von allem etwas 40
Darstellung des Modells nach Christoph Thomann 42
Psychologische Theorie in Praxis und Wirtschaft 44

6. Diese Kunden treffen wir an **45**

Kommunikation und Typologie für Verkäufer 45
Neun unterschiedliche Kundentypen 48
Dauerausrichtung: Der Beständige 49
Dauer-Distanzausrichtung: Der Berechenbare 50

Distanzausrichtung: Der Sachlich-Distanzierte....................... 51
Wechsel-Distanzausrichtung: Der Reisende............................ 52
Wechselausrichtung: Der Innovative...................................... 53
Wechsel-Näheausrichtung: Der Chaotisch-Emotionale............ 54
Näheausrichtung: Der Persönliche... 55
Dauer-Näheausrichtung: Der Familiäre................................. 56
In der Mitte: Der Ausgeglichene... 57
Den Kundentyp sicher erkennen und ansprechen.................. 59
So unterscheiden wir Nähe und Distanz............................... 59
So unterscheiden wir Dauer und Wechsel............................. 64
Begegnungen am Arbeitsplatz des Kunden............................ 66

7. Die Umsetzung des Typologiemodells in der Verkaufspraxis.. 71
Methodisch richtige Gesprächsführung................................. 73
Auf diesen Säulen ruht ein erfolgreiches Kundengespräch....... 74
Einstimmung auf das Verkaufsgespräch................................ 75
Die Rollenverteilung einhalten.. 77
Zur Kooperation bereit sein... 79
Gespräche gut vorbereiten.. 80
Allgemeine Vorbereitung... 80
Proaktive Argumentationsprofile.. 82
Gespräche gut nachbereiten... 89
Fragen, zuhören und antworten.. 91
Regeln für Sender und Empfänger.. 91
Aktiv Zuhören / Kontrollierter Dialog.................................. 92
Frageformen... 95
In fünf Etappen zum Ziel.. 114
Erste Gesprächsphase: Warm Up - So wie ich starte, liege ich im Rennen.. 116
Zweite Gesprächsphase: Welchen Bedarf hat der Kunde wirklich?.. 118
Dritte Gesprächsphase: Das konkrete Angebot wird unterbreitet.. 121
Vierte Gesprächsphase: Zeige dem Kunden eine positive Perspektive auf!.. 122

Fünfte Gesprächsphase: Jetzt entscheidet sich der Kunde zum Kauf 129

8. Einwandbehandlung 131
Methodisch richtiges Vorgehen 131
Erwartete Einwände und Entkräftungsargumente 139

9. Von Überzeugung und Manipulation 141

10. Das eigene Kompetenzprofil 145
Wann ist ein Verkäufer ein erfolgreicher Verkäufer? 145
Qualifikationsraster: Ein Idealprofil 146
Soziale Kompetenz 147
Produkt/Dienstleistungskompetenz 147
Betriebswirtschaftliche Kompetenz 148
Der Weg zu mehr Erfolg 149
Welcher Verkäufertyp sind Sie? 150

11. Übungen 160
Übung 1: Eigenbild/Fremdbild im Typologieschema 160
Übung 2: Ermittlung typbezogener Verkaufsmerkmale für das eigene Unternehmen 163
Übung 3: Typbezogene Verkaufsmerkmale zum einem Produkt 165
Beurteilungs-/Analysebogen zu Verkaufsgesprächen 167

12. Vier mal sieben Tipps für traurige Verkäufer 169

13. Nachwort und Danksagung 172

14. Kleines Glossar 175

15. Literatur 180

16. Abbildungen 182

3. Zum Gebrauch dieses Buches und wie Kundentypologien Ihren Verkaufserfolg fördern

Oft und immer wieder wird darüber spekuliert, was im Verkauf erfolgreich macht, wie man seine Verkaufsergebnisse nach oben bringt. Um es ganz direkt zu sagen: Es gibt kein einziges, einfach kopierbares Erfolgsrezept. Jede Branche hat ihre ganz besonderen Eigenarten, ja sogar Rituale und Notwendigkeiten, jede Zeit ihren wahrnehmbaren Stil und jedes Verkaufsteam, jeder Verkäufer bringt sein eigenes, individuelles Potenzial ein. Falls Sie also auf der Suche nach einem Konzept, nach einer Methodik sind, die Sie selbst oder Ihr Team schnell und ohne groß nachdenken zu müssen auf Kurs bringt, lesen Sie dieses Buch nicht. Sie würden sich möglicherweise langweilen und sogar enttäuscht fühlen. Weder für Verkaufsstrukturen, noch für Verkaufsprozesse gibt es *das* einzige Konzept, *die* allumfassende Methodik, die dann für *alle* Situationen gilt.

Wenngleich uns die Lernmethode mit dem Nürnberger Trichter bis heute in Erinnerung geblieben ist – funktioniert hat sie nicht. Für den Aufbau nachhaltiger Verkaufskompetenz auf der Ebene von Einzelpersonen gilt allemal dies: Es braucht ein ehrliches Interesse am Kunden, (berufs-) lebenslange Lernfähigkeit, es bereitet Mühe, benötigt Fleiß, etwas Disziplin und Übung, das bedeutet Praxiserfahrung. Übung entsteht durch Wiederholungen, durch Training und professionelle Anleitung, Bereitschaft zum Risiko, das Einholen von Feedback und Reflektieren des eigenen Handelns. All dies kostet unsere Energie und viel Zeit. Auch die Erkenntnisse und Empfehlungen die in diesem Buch auf Sie warten, so Sie diese für sich nutzen wollen.

Warum es sich für Sie lohnen wird, diese Mühe auf sich zu nehmen:

Profitieren Sie vor allem im Bereich Menschenkenntnis von den Entwicklungen und Erkenntnissen der zeitgemäßen Psychologie. Wertvolles, interessantes Wissen, welches Sie in ihrer Verkaufsarbeit anwenden können um dort noch erfolgreicher zu sein. Gute Verkäufer achten, mindestens in ihrer beruflichen Situation, auf einen guten Umgang mit sich und anderen. Falls Sie über diesen beruflichen Anspruch hinaus auch sich selbst, als Mensch, als Individuum ein wenig besser kennen lernen möchten, so bietet Ihnen dieses Buch ebenfalls beste Anregungen und konkret umsetzbare Möglichkeiten. Ohne sich seiner selbst bewusst sein, ist das für den Erfolg so notwendige Selbstbewusstsein nicht vorstellbar.

Missverständnisse sind die häufigste Art
menschlicher Kommunikation.

Peter Benary[1]

Wovon handelt dieses Buch also, was ist dessen Geist und Motivation? Es geht im Wesentlichen darum von Seiten des Verkäufers

1. den Gesamtausdruck, „die Sprache" des Kunden noch besser zu verstehen und selbst ebenso verständlich zu sprechen,
2. eine funktionierende Wellenlänge zum Kunden herzustellen, auf der die anstehenden Geschäfte zielgerichteter bearbeitet und sicherer abgeschlossen werden
3. und es geht um die Gestaltung nachhaltig guter Kundenbeziehungen.

Es geht keinesfalls darum, Verkäufer zum ambitionierten Hobbypsychologen oder gar zum Kundentherapeuten auszubilden und ebenso nicht darum, in Selbstreflexion, in den Tiefen der Selbsterkenntnis oder gar in narzisstisch motivierter Persönlichkeitsentwicklung zu

---

[1] Peter Benary (*1931), dt. Musikwissenschaftler u. Aphoristiker

versinken. Nicht die Überpsychologisierung des Verkaufsgesprächs und auch nicht die Möglichkeiten zur Manipulation unserer Geschäftspartner, in deren Gefahrenbereich sich ein jeder befindet, der Menschenkenntnis besitzt, sondern das fundierte, inhaltsreiche, bessere Verständnis zwischen Kunde und Verkäufer steht ganz im Vordergrund des aufbereiteten Stoffes und der praktischen Empfehlungen.

Als Autor und Trainer empfehle ich Ihnen folgende Vorgehensweise: Absolvieren Sie zunächst den Test in Kapitel 9, denn jetzt sind Sie mit den Theorien und praktischen Ausführungen des Buches noch nicht vertraut. So können Sie unbeeinflusst davon mit dem Test eine erste Typbestimmung von sich selbst erstellen. Denn um Typen und Ihre Eigenarten geht es vor allem in diesem Buch. Die wichtigsten Fragen dazu: Woran können wir sie erkennen? Welche menschlichen und verkaufsbezogenen Bedürfnisse haben die einzelnen Typen häufig? Welche Argumente überzeugen sie? Und letztlich, wie können Sie, als Leser aus der Verkaufspraxis, auf diese Weise Ihre ganz persönliche Verkäuferkompetenz und damit Ihre Verkaufserfolge steigern?

Machen Sie sich dann nach dem Test mit den theoretischen Grundlagen etwas vertraut. Lesen Sie sich ein wenig ein in die wirklich packende, vielfältige und doch zugleich greifbare Welt der menschlichen Persönlichkeiten. Der auf einfache, in praxisbezogener Art und Weise dargelegte Zugang zur Theorie und die bildhaft beschriebenen Grundlagenkenntnisse unterstützen Sie dabei, ein besseres, nachhaltigeres Verständnis für die Umsetzung der Handlungsempfehlungen in praktischen Verkaufsvorgängen zu erlangen.

Im praktischen Teil des Buches wird die Theorie in ein methodisch aufgebautes Kommunikationsmodell gegossen. Hier finden Sie Schritt für Schritt den Gebrauch im täglichen Verkaufsvorgang dargestellt und mit praktischen Tipps kommentiert. Erfolgreich verkauft wird nicht in geschützten Elfenbeitürmen fernab der Realität, sondern mitten im Marktgeschehen. Verkauf findet im Hier und Jetzt gemeinsam mit dem Kunden, in der Begegnung und der geglückten Auseinandersetzung mit ihm statt.

Falls Sie schon länger im Verkauf tätig sein sollten, dann wird Ihnen dieses Buch wertvolle Impulse und Denkanregungen liefern, Ihre Menschenkenntnis weiter zu vertiefen, um mit mehr Wissen, aber auch mehr Motivation, wachen Sinnen und offenen Augen in die kommenden Verkaufsgespräche zu gehen.

Menschenkenntnis, isoliert für sich selbst gesehen, reicht nicht aus, um im Verkauf zu bestehen und erfolgreich zu sein. Sie ist jedoch einer der wichtigsten, zentralsten Bausteine jeder Verkaufskompetenz. Nutzen Sie dieses Buch und seine Gedanken, um die einfühlsame Wahrnehmung von Kunden noch offener zu gestalten, das Erkennen Ihrer speziellen, typischen Bedürfnisse zu verbessern und noch zielgerichteter Verkaufserfolge zu erreichen. Ihre Kunden werden es Ihnen mit Zufriedenheit oder sogar Begeisterung danken und ihr dickeres Provisionskonto ganz sicher auch.

4. Verkauf ist ein Rollenspiel

Immer einmal wieder fragen mich Teilnehmerinnen und Teilnehmer in Verkaufstrainings, ob es denn wirklich richtig sei, sich bei jedem Kunden neu anzupassen und sich damit anders „als normal“ zu verhalten, nämlich so, wie man eben ist und sich gerade fühle. Ob es nicht sogar unehrlich sei, einem Kunden quasi Theater vorzuspielen, nur eben, damit er kaufe.

Eine Frage, wie ich meine, vor der früher oder später viele Verkäuferinnen und Verkäufer stehen, die sich professionell ausbilden lassen. Verkaufen hat in der Tat etwas von Theater spielen. Doch während es beim Schauspieler gewünscht und erstrebt ist, in die Haut eines vorgegebenen Charakters zu schlüpfen, fällt es vielen schwer, dieses Rollenspiel – denn das ist es – beim Verkäufer zu akzeptieren. Doch versetzen wir uns einfach mal in die Situation eines Kunden, stellen wir uns einmal vor, wir würden in ein Geschäft gehen, um etwas zu erwerben. Erwarten wir nicht auch dort, dass sich unser Gegenüber auf uns einstellt, unsere Wünsche geradezu erahnt, danach strebt, uns zufrieden zu stellen, sich ganz um unsere individuellen Belange kümmert und dies genau so, dass wir unseren Kauf mit höchstem Zufriedenheitsgrad erledigen können?

Wenn wir nach einem Hemd, einem Automobil, einem Schrank oder einer blauen Couch fragen – möchten wir dann einen Verkäufer, der uns von Rot überzeugen will, nur weil es seine Lieblingsfarbe ist (und er sich damit höchst authentisch verhält)?

Andere Situation: Der Verkäufer ist Experte, der Kunde Laie. Sollte der Verkäufer nun in seiner (dem Kunden eventuell unverständlichen) Expertensprache das Produkt/die Dienstleistung erklären, oder diese in einer dem Kunden eingängigen Präsentation darlegen, auch auf die Gefahr hin, dass er „unter seinem Expertenniveau“ spricht? Verliert er damit Kompetenz oder zeigt er sie eben genau durch diese Anpassung an die Kommunikationsebene des Kunden?

Wann also ist ein Mensch in der Verkäuferposition noch echt und authentisch und ab wann nicht mehr? Wann spielt er diese spezielle Rolle besonders gut, stellt sich individuell auf den Kunden ein und ab wann wirkt er eventuell unecht, vielleicht sogar unehrlich?

Eine Frage, auf die jede Verkäuferin, jeder Verkäufer früher oder später eine ganz persönliche Antwort finden sollte.

Eines ist jedoch ganz klar: Verkaufen bedeutet eine Rolle zu spielen. Eine Rolle, die mit bestimmten Aufgaben auf Seiten des Verkäufers und mit Erwartungen auf Seiten des Kunden belegt ist. Unterschiedlich zwar, je nach Landeskultur, Branche, Alter und vielen Faktoren mehr, aber durchaus vorgegeben. Ob nun in Deutschland, Amerika oder Asien, ob im Konsum- oder im Investitionsgüterbereich, ob in Industrie oder Handel: Der Verkäufer hat die Rolle, sich auf den Kunden möglichst gut einzustellen, sich einzufühlen, sein Wissen zu nutzen, die Wünsche und Bedarfe des Kunden zu ermitteln. Er darf und muss dabei auf fairer Basis einen Gewinn erzielen, das weiß auch der Kunde. Dies entspricht den allgemein anerkannten wirtschaftlichen Prinzipien unserer Gesellschaft. Angebot und Nachfrage regeln einander. Der Verkäufer repräsentiert dabei die Belange des Angebots, der Kunde die des Nachfragenden. Handeln ist angesagt. Natürlich nutzt bei diesem Geschehen – auch dies ist legitim – der professionelle Verkäufer seine ganz spezielle Verkaufskompetenz: Wissen, Erfahrung und Methodik. Verfügt er darüber hinaus (das sollte mit professioneller Ausbildung stets einhergehen) über die entsprechende ethische Ausbildung, nutzt er diese Kompetenz um für beide, den Kunden und sich ein faires Verkaufsergebnis zu erzielen. Das Ergebnis eines solchen Verkaufsvorganges ist ein begeisterter, gut beratener Kunde, und ein Verkäufer, der für sich bzw. für sein Unternehmen nicht nur einen akzeptablen Gewinn erzielt, sondern auch einen Kunden für sich gewonnen hat, der entweder gerne wiederkommt oder doch zumindest das Unternehmen, das Produkt, die Dienstleistung und den Verkäufer weiterempfiehlt.

Genau dann hat er seine Rolle gut wahrgenommen (gespielt!). Authentisch, echt, ehrlich - eben professionell und voller Kompetenz.

In beratender Rolle kommen vor allem Produktfachwissen und im Investitionsgüterbereich oft auch betriebswirtschaftliches Fachwissen zum Tragen, die so genannte Sachkompetenz. Diese Sachkompetenz wird genutzt, um eine Nachfrage (des Kunden) richtig einordnen und mit einem fundierten Angebot beantworten zu können. Im verkäuferischen Moment steht vor allem die soziale Verkäuferkompetenz im Vordergrund der Handlung, den Verkauf ist mehr, als ein Übergang von Sache gegen Geld. Er beinhaltet stets auch eine Entscheidung, also einen klar emotionalen Anteil.

Um diesen emotionalen Anteil zu erreichen, zu beeinflussen, sogar steuern zu können sind Einfühlungsvermögen und eben Menschenkenntnis von Nöten. Hier bietet die heutige Psychologie zahlreiche Hilfen an. Wissen über Entscheidungsprozesse, wie sie ablaufen, wann, was in welcher Phase geschieht, wissen über Motivation, mit welchen grundsätzlichen Motiven der Mensch so handelt, entscheidet und manches mehr.

Menschenkenntnis erlangen wir zu einem großen Teil einfach durch persönliche Erfahrungen im Umgang mit anderen Menschen. Wir begegnen anderen, kommunizieren mit ihnen, beobachten und lernen – natürlich auch durch unser eigenes Verhalten und Innenleben. Darüber hinaus können wir professionelles Wissen, Erfahrungen von psychologisch gebildeten Experten nutzen, um besser zu verstehen, wie Menschen so funktionieren, im Allgemeinen, aber auch individuell.

Ein ganzes Sammelsurium von Erkenntnissen und Wissensbereichen bündeln unter der Bezeichnung Verkaufspsychologie. Eine Erfolgsquelle für den, der sich ihr stellt, sie zu nutzen versteht. Ganz klar: Die Rolle des professionellen Verkäufers beinhaltet heute mindestens ein Grundlagenwissen in diesem hochinteressanten Bereich. Bei vielen erfahrenen Verkäufern nimmt er sogar den höchsten Anteil an ihrer Rollenausübung ein. Einer, der über oft schnelllebige Produkte und veränderliche Dienstleistungen hinweg niemals langweilig wird, die eigene Persönlichkeitsentwicklung fördert und mit der Zeit höchsten Expertengrad verheißt.

Gute Verkäufer sind gute Menschenkenner.

Die Rolle des Verkäufers erfolgreich spielen zu können und zu dürfen, bedeutet eine hohe Auszeichnung durch das Unternehmen, welches Sie dabei vertreten. Im Augenblick des Verkaufs *ist* der Verkäufer das Unternehmen. Sie halten dabei ein Stück des Gesamterfolgs Ihres Unternehmens unmittelbar in Händen. Sie und der Kunde entscheiden gemeinsam darüber, schaffen Tatsachen und Wirklichkeit.

Für viele Menschen völlig zu Recht der spannendste Beruf der Welt.

5. Rahmenhandlung und Grundlagen

Der Mensch an sich

Bevor wir in die zugrunde liegenden Theorien zu diesem Buch, dem Kommunikationsmodell und praktische Ableitungen einsteigen, sollten wir uns ein paar übergreifende Gedanken machen und wichtige Fragen klären: Woher stammen wir Menschen? Woraus und wie entwickeln wir uns zu unseren individuellen Persönlichkeiten und Charakteren? Warum sind wir eben so, wie wir sind und was bedeuten Beziehungen in unserem Leben für uns? Es geht um Hintergrundwissen, eine ordentliche Grundlage für die danach dargelegte Typologie und die – methodisch orientierten – kommunikativen Prozesse. Eine noch so ausgeklügelte Methodik handhabt sich leichter mit substanziellem Inhalt. Handhabbare Menschenkenntnis gibt's nicht eins, zwei, drei zum Sonderpreis. Ein wenig Bemühen, ein einigermaßen gutes Verständnis der tiefergehenden Aspekte und natürlich eigenes Erfahren und Erleben sind notwendig. Darüber hinaus geht es klar um Sie, um uns, geneigte Leser. Wenn wir die vielfältigen Möglichkeiten nutzen wollen, unsere eigene Persönlichkeit zu entwickeln, sollten wir auch an den richtigen Stellen ansetzen, mit dem rechten Willen und mit Sinn und Verstand. Ob es also um andere oder um uns selbst geht, in jedem Falle befassen wir uns mit sehr spannenden Angelegenheiten.

Im Laufe der Zeit haben sich einige Theorien zur Entwicklung des Menschen und seiner Persönlichkeit etablieren können. Sie sind teilweise übereinstimmend und in anderen Punkten auch gegensätzlicher

Natur und Aussage, je nachdem, ob naturwissenschaftlich, religiös, biologisch, psychologisch oder sogar politisch motiviert. So stellt dieses Kapitel meine eigenen Überlegungen dazu dar, die sich aus dem theoretischen Studium und den vielfältigen praktischen Erfahrungen als Mensch, Trainer und Coach über die Zeit entwickelt haben. Sie erheben nicht den Anspruch, ein weiteres Theoriemodell in die wissenschaftliche Welt zu gebären, sondern stellen den Versuch dar, die wichtigsten Grundlagen der menschlichen Natur, so wie ich sie kenne und wahrnehme, in kurzer, verständlicher Form dem Leser zu erklären. Sie werden benötigt bei vielen Aspekten dieses Buches, sowohl bei der Typologie, als auch zum besseren Verständnis der menschlichen Kommunikation. Um den Menschen bzw. eine Typologie des Menschen begreifen zu können, müssen wir uns also ein wenig seinen Wurzeln und Ursprüngen, seiner ganz persönlichen Entstehungsgeschichte widmen.

Das Erbe unserer Vorfahren

Unser erwachsenes Wesen, unsere Persönlichkeit definiert sich aus drei wesentlichen, nacheinander in die Entwicklung eingreifenden Bausteinen. Beginnen wir mit dem zeitlich gesehen ersten Teil und Ereignis.

Unsere Existenz findet im Akt der biologischen Zeugung ihren Ursprung. Mit der Verbindung einer männlichen Samenzelle mit einer weiblichen Eizelle beginnt die Lebensuhr eines neuen Wesens, eines neuen Menschen zu ticken. Bei dieser Verschmelzung von Ei- und Samenzelle wird uns vieles von Mutter und Vater ganz direkt mit auf den Weg gegeben. So erhalten wir auf dem Weg der Genetik Eigenschaften unserer Vorfahren vererbt und gleichzeitig entsteht daraus ein eigenes, individuelles, unverwechselbares Wesen.

In diesem Erbpaket wird uns nicht einfach nur unsere faktische Existenz, unser Leben geschenkt, sondern auch die genetische, zugleich biologische und soziologische Erinnerung an all' unsere Vorfahren. Dies sind zunächst unsere Eltern, Großeltern sowie deren Vorfahren in direkter Linie. Wir kommen nicht „neutral“ auf die Welt, jeder mit den gleichen Anlagen und Voraussetzungen, sondern sehr, sehr verschieden. Viele unserer körperlichen Erkennungsmerkmale, genauso wie familientypische Wesenseigenheiten werden auf diese Weise, beim Akt der Zeugung *weitergereicht.* Die Farbe der Haut, der Haare, der Augen, ob wir – eben von Natur aus - eher zu einer schmalen oder breiten Figur neigen, die Kopfform, das Kinn, typische Ohren- oder Nasenformen, der Grad an Körperbehaarung, die Nasen- und Ohrengröße, körperliche Stärken und Schwächen und manchmal auch genetische Besonderheiten oder gar Defekte. Die Liste ist so lang, wie es körperliche Merkmale gibt. Im Prinzip können alle körperlichen Eigenschaften auf diesem Weg vererbt werden, sie müssen jedoch nicht, denn durch die Kombination zweier unterschiedlicher Erbanlagen entsteht vielfach auch Neues, Unerwartetes, Merkmale, die uns individuell kennzeichnen und ausmachen. Denken wir der Einfachheit halber an unsere einzigartigen Fingerabdrücke, die uns auf diese Unverwechselbarkeit als Einzelwesen hinweisen.

Mit den geistigen, charakterlichen Wesenseigenheiten, unserem Naturell, wie es so schön heißt, verhält sich das im Grunde genommen an dieser Stelle ganz ähnlich. Manche davon werden ererbt, quasi richtige Familien- oder Sippeneigenschafen, manche entwickeln sich durch die einzigartige Genkombination wiederum neu. Für viele Menschen und manche Wissenschaftler stellt die Annahme, dass auch Weseneigenschaften genetisch vererbt werden, ein Akzeptanzproblem und beinahe ein Tabu dar. Der Individualität wird in unserem heutigen Zeitalter besonders in unserer westlichen Gesellschaft ein sehr hoher Wert zugeordnet. Nicht umsonst sprechen wir davon, im Individualzeitalter zu leben. Viele Menschen wünschen sich für sich selbst eine bedingungslose Einzigartigkeit und arbeiten oft ein Leben lang intensiv an diesem Ziel. Da fügt sich der Gedanke an ererbte, vorgegebene, limitierende Eigenschaften nicht allzu leicht ins Weltbild ein. Ferner vertraten, vor allem in den siebziger Jahren, zahlreiche Gelehrte, vor allem auch aus dem soziologischen Umfeld, die Ansicht, dass jeder Mensch mit zunächst gleichen Chancen (und sogar Voraussetzungen) in diese Welt hineingeboren werde. Danach wäre es möglich, jedem neuen (im Ursprung gleichen) Erdenbürger allein durch positive Behandlung und Anregung zu einem wiederum vergleichbar optimalen Entwicklungszustand zu verhelfen. Doch diese These stimmt nach Ansicht vieler Wissenschaftler nicht, und ich teile diese Auffassung. Ich denke, sie entspringt den soziologischen Wünschen und Sehnsüchten der damaligen Zeit. Allen voran dem berechtigten Wunsch, möglichst vielen Menschen auf der Welt oder im Idealfall sogar allen Menschen gleichwertige Voraussetzungen und vor allem Chancen für ihr Dasein zu ermöglichen. Biologisch gesehen nicht haltbar, aber aus soziologischer Perspektive sehr verständlich. Zurück zum ersten Baustein: Bereits mit den Genen werden uns die späteren Möglichkeiten ebenso wie die Beschränkungen in die Wiege gelegt. Was wir dann damit anfangen, ob wir aus unseren Möglichkeiten viel machen oder ob sie durch fremdes oder sogar eigenes Zutun vergeudet werden, das entscheidet sich genau auf dieser Basis.

Die Vorfahren der Menschen, unsere gemeinsamen Vorfahren, waren nach heutigem Kenntnisstand einfach Säugetiere. Wir haben - wer auch immer als erster die Idee dazu hatte - alsbald und sicher mit Mühe und Geduld, Erfolgen und Rückschlägen den aufrechten Gang geübt, haben gelernt, soziale Netze zu knüpfen – schlicht um zu überleben. Wir haben die ersten Teams gebildet, denn zusammen gelingt manches besser. Vor allem bei der Jagd nach Nahrung. Einhergehend mit dem sich entwickelnden Sozialverhalten haben eine gewisse Moral und Ethik entwickelt und das Denken auf ein bis heute mit anderen Spezies unvergleichliches Niveau gebracht, einschließlich wiederkehrender Phasen und sogar Epochen, die, was den Fortschritt angeht, von Rückschlägen geprägt waren und wohl auch in Zukunft immer wieder sein werden. Wir sind der moderne Mensch geworden, der des 21. Jahrhunderts. Und doch sind uns von den Ursprüngen unserer eigenen Art ganz viele Eigenschaften tief in unserem Inneren erhalten geblieben. Triebe und Instinkte, Eigenschaften, Fähigkeiten und Schwächen, die den Menschen, die uns seit unseren Ursprüngen bis heute ausmachen. Sie sind unsere typisch menschlichen Eigenschaften oberhalb der bisweilen exotischen Individualität. Wenn es um unser „typisches“ (damit auch vorhersehbares) Verhalten geht, spielen diese Eigenschaften eine sehr, sehr wichtige Rolle.

Einflüsse und Prägung

Kommen wir zum zweiten Teil, zur zweiten Komponente dieses höchst interessanten, vielfältigen Wesens Mensch.

Kaum gezeugt werden wir nach neun Monaten in diese Welt, die fortan unsere Welt ist, hineingeboren. Konfrontiert mit der Tatsache, unselbständig und alleine nicht lebensfähig zu sein, schauen wir uns vom ersten Augenblick an nach Fürsorge und Hilfe um, vor allem nach Nahrung, Wärme, Geborgenheit, Ansprache und Liebe. Dieser Zustand der Abhängigkeit ist immens und zu Anfang sogar absolut. Wir überleben nur, wenn sich andere Menschen um uns kümmern, unser Leben liegt in deren Händen. Vor allem eben die physiologischen Grundbedürfnisse müssen sofort und andauernd befriedigt werden, aber auch erste soziale Bedürfnisse, wie Ansprache und Geborgenheit müssen gespendet werden. In der ersten Zeit, in den ersten Jahren unserer Existenz können wir uns noch nicht selbst versorgen und auch die verbale Sprache stellt sich sehr viel später ein. Die grundsätzliche Fähigkeit uns mitzuteilen ist uns jedoch vom ersten Augenblick an gegeben. Wir nutzen unsere Körpersprache, Mimik, Gestik, Bewegung – sicher noch nicht vollends bewusst, aber doch sehr effektiv. Unsere Eltern nehmen uns mit Augen, Ohren und allen anderen Sinnen wahr. Sie hören die Laute, die wir von uns geben, und verstehen in der Regel schnell ihren Sinn. Die Basis der emotionalen Verständigung mit anderen Menschen baut auf diesen ersten Erlebnissen unseres noch jungen Lebens auf. Unselbständig geboren erfahren wir, dass uns die Beziehungen zu anderen Menschen am Leben erhalten und den Ausgangspunkt unserer gesamten Entwicklung darstellen. Noch an der Mutterbrust liegend, die uns ernährt und überleben lässt, erfahren wir unsere erste, vielleicht sogar bestimmendste Prägung: Wir werden zum Beziehungswesen. Beziehungen sind es, die uns den Start ins Leben ermöglichen, uns Nahrung, Zuneigung und Sicherheit verschaffen. Je besser diese Beziehungen, umso besser der Start und unser Befinden. Die Erfahrungen, die wir dabei machen, sind absolut tiefgehend und wir „merken" uns diese für den Rest unseres Lebens, sie prägen sich dauerhaft bis zum letzten Augenblick unserer Lebenszeit in unser Wesen, unsere individuelle Persönlichkeit ein. Der

Mensch braucht Menschen, ein Leben lang und vom ersten Tage an. Alles, was danach kommt, was wir danach tun, steht in diesem Kontext geschrieben. Noch vor der Fähigkeit, zu Denken, der Anhäufung von Wissen, vor Moral, Ehre, Struktur und Politik, empfinden wir etwas und setzen den Grundstein für unsere menschliche, persönliche, beziehungsbestimmte Emotionalität. Noch bevor wir Worte und Sprache erlernen, kennen wir Liebe, Zuneigung, Wärme, Geborgenheit und vielleicht auch das Gefühl des Alleinseins, der Kälte, der Abneigung und der Leere. Eben ganz im Bezug auf die oder den Menschen, mit denen wir es von Anfang an zu tun haben und die doch so sehr verschieden sein können. Es ist eine Mär zu glauben, dass alle Eltern ihre Kinder im gleichen Maße lieben, oder wie Paul Watzlawik[2] feststellte, „In der Wahl seiner Eltern kann man nicht vorsichtig genug sein." Diese Vorstellung der stets gütigen, weisen Eltern entspricht vermutlich eher dem moralischen oder sozial motivierten Wunsch, ‚es möge sich so bewahrheiten'. Liebe ist kein Gefühl, welches sich durch den Akt der Geburt erzwingen ließe. Die Fähigkeit, Liebe zu schenken, pendelt sich nicht entweder bei Null oder einhundert Prozent ein. Es gibt jeden anderen Grad, jedes andere Maß von Liebe auch zwischen diesen Extrempolen. Die einen Eltern freuen sich auf ihren Nachwuchs und beschenken ihn reichlich und unbedingt mit ihrer Zuneigung vom ersten Tage an. Andere empfinden ihren Nachwuchs eher als Belastung, tragen schwer an der Elternschaft und können nur zögerlich Geborgenheit, Fürsorge oder gar Liebe gewähren. Als gerade geborenes Wesen können wir uns unser Elternhaus nicht willentlich aussuchen. Wir werden vielmehr damit konfrontiert und müssen irgendwie damit zurecht kommen, sprich erst einmal und mindestens doch unser Überleben bewerkstelligen. Unzweifelhaft jedoch beeinflusst uns diese Umwelt, sie drückt uns ihren Stempel auf und formt uns, verwickelt uns in Passendes aber auch in Ungereimtheiten. Sie ist uns Vorbild und für lange Zeit Orientierungsrahmen und Leitbild zugleich. Wir leben und lernen. Wir erfahren, werden gelehrt und bestimmt. Kurzum: In der Zeit unserer Kindheit und Jugend prägt uns die Welt, in der wir leben.

---

[2] Paul Watzlawick (*1921), amerik. Psychiater u. Schriftsteller

Der freie Wille

Gibt es bei soviel Vorbestimmung, bei soviel biologischer Festlegung und äußerer Beeinflussung dann überhaupt noch Raum für uns, dieses Spiel selbst zu gestalten? Ja, es gibt ihn: Es ist die Selbstbestimmung, der freie Wille, den uns die schöpfende Natur zusätzlich zu Genetik und Prägung hinzu gegeben hat. Das ganz Besondere dieses außergewöhnlichen Wesens Mensch, diese überaus tiefgehende Fähigkeit zu denken und zu überdenken, zu fühlen und im gleichen Atemzug zu rationalisieren. Die Gabe mit den Gedanken weit in die eigene Vergangenheit zu reisen, ebenso wie in der Geschichte, daraus Schlüsse zu ziehen, zu reflektieren und zu lernen. Das Talent, auch die Grenze zwischen Gegenwart und Zukunft zu überschreiten, zu planen und auch langfristige Vorhaben alleine und auch gemeinsam mit anderen bewusst zu verwirklichen. Wir haben die Gabe erhalten, nicht nur schlafend, sondern auch bei vollem Bewusstsein zu träumen und unsere Träume in die Tat umzusetzen, Bilder und Gefühle mit Kreativität und Logik nahtlos zu vereinen. Diese große, bewusste gestalterische Fähigkeit betrifft eben auch unser eigenes Wesen, unsere eigene Persönlichkeit. Ich bin, der ich geboren wurde. Ich bin geworden, wie ich geprägt wurde. Ich werde sein, wie ich sein will. Alle drei Sätze gelten gleichzeitig für uns Menschen. Wie viel Anteil jeder einzelne Satz in unserem individuellen Leben hat, ist bei jedem unterschiedlich. Genetische Veranlagung, Prägung und die Selbstbestimmung können Hand in Hand gehen, sich gegenseitig nutzen und stützen. Sie können jedoch auch gegeneinander stehen, sich behindern und verhindern. Das Spiel des Lebens kennt jede Mischung davon. Die einen werden in Fesseln geboren, gehalten und lernen sich zu befreien. Bei anderen verläuft der Weg exakt umgekehrt. Umso interessanter und spannender bietet sich uns die Vielfalt der Menschen um uns herum, wenn wir sie und uns aus dieser Perspektive wahrnehmen. Ob wir das Glas, in dem unser kostbares Leben steckt, nun als halbvoll oder als halbleer betrachten – wir haben immerhin einen vehementen Einfluss darauf und diesen sollten wir auch nutzen. Ob wir den Prägungen, den Verwicklungen anderer für uns Folge leisten, deren Denk- und Verhaltensmuster eins-zu-eins übernehmen, oder prüfen und gegebenenfalls anpassen, das liegt an uns. Später im Leben also, wenn wir den Weg der willentlichen, eigenmotivierten Persönlichkeitsentwicklung einschlagen, gilt es oft, manche dieser Verwicklungen wieder loszuwerden oder, wie Friedrich Nietzsche[3] so treffend empfahl: „Werde, der Du bist!“ Behalten und fördern, was zu uns passt, was unserem Wesen gut tut und wieder loswerden, was unsere Potenziale emotionaler, wie rationaler Art lähmt und unsere Fähigkeiten unterdrückt.

Wenn wir, sozusagen etwas aus uns machen, dann gibt es dafür weit reichende Möglichkeiten, jedoch auch Grenzen. Paul Watzlawik bemerkte dazu auch: „Jeder Mensch kann sich ändern. Ich kann mich nicht beliebig ändern.“ Und was die Menschen angeht, mit denen wir es zu tun haben und die uns vielleicht sogar besonders am Herzen liegen gilt zusätzlich: „Ich kann keine anderen Menschen ändern.“

Es mag nicht alles machbar sein in unserem Leben, wie uns manche neuzeitliche Motivationsgurus leichtfertig und, in den meisten mir bekannten Fällen, recht eigennützig versprechen. Jedoch sehr viel mehr, als wir gemeinhin denken und uns zutrauen. Es gilt, die in uns schlummernden Talente und Fähigkeiten zu entdecken und frei zu machen für unser Leben. Halten wir uns an Nietzsche, der uns empfahl, so zu werden, wie wir (bereits) sind, alles loszuwerden, was nicht zu uns passt, unsere Persönlichkeit zu *ent*wickeln, auszuwickeln, alle Verwicklungen und Verstrickungen wie Ketten zu sprengen, einfach als Mensch und Individuum unsere Freiheit zu erkämpfen. Nietzsche öffnete uns sperrangelweit die Tür zum Individualzeitalter. Es liegt ganz an uns, an jedem Einzelnen, ob wir durch diese Türe selbstbewusst hindurchgehen und wie weit wir unsere einzigartige Individualität nutzen und leben. Zu erkennen, was möglich für uns ist, aber auch die Sensibilität zu entwickeln, die Entwicklung und Bedürfnisse der anderen Menschen und Lebewesen, der Welt um uns herum zu beachten und zu respektieren.

---

[3] Friedrich Nietzsche (1844-1900), dt. Philosoph

Jeder ist, wie er ist. Eigenheiten und typische Wesenszüge von uns Menschen

Mensch ist Mensch. Aus Entfernung gesehen haben wir vieles gemeinsam. Näher betrachtet sind wir jedoch recht verschieden. Es gibt uns in vielerlei Ausführung, in groß und klein, dick und dünn, dunkel und hell - also schon rein äußerlich in vielen Größen und Formen. Wir unterscheiden uns im Temperament und im Charakter. Je nachdem, wo und wie wir aufwuchsen, in unserer Erziehung, unserem sozialen Dasein, in unserer Bildung, unserer Lebensphilosophie und Einstellung. Wir streben nach unterschiedlichen Zielen im Leben. Manchmal finden wir dabei Verbündete, die Ähnliches tun, manchmal Gegner, die sich uns in den Weg stellen. Gelegentlich stellen wir uns sogar selbst zwischen uns und unsere Ziele.

Grundsätzlich ist uns die Unterschiedlichkeit der Menschen bekannt. Doch in vielen Situationen, dann wenn wir anderen begegnen, scheinen uns diese Unterschiede nicht bewusst oder nicht handhabbar zu sein. Wir handeln und kommunizieren so, als wären wir gleich, obwohl wir es tatsächlich nicht sind. In solchen Fällen können wir ziemlich überrascht davon sein, wenn unsere Kommunikationspartner nicht so auf uns reagieren, wie wir vorher vielleicht annahmen, dass sie es tun. Nämlich so, wie wir selbst reagiert hätten. Das kommt sogar recht häufig vor.

Also es gibt Menschen, die sich in etwa so verhalten, wie wir und es gibt andere, die genau das Gegenteil tun. Welche, die gut finden, was wir gut finden, und andere, die dagegen gut finden, was wir von vorne herein ablehnen.

Transferieren wir das einmal auf eine Metaebene (mit Metaebene bezeichnen Psychologen einen übergeordneten Betrachtungsraum): Was dem einen gut tut, ist für den anderen unerträglich und umgekehrt. Es lassen sich Gemeinsamkeiten und eindeutige Gegensätzlichkeiten erkennen und identifizieren. So können wir Menschen quasi in Gruppen (wie in Schubladen) zusammenfassen und typische Verhaltensweisen und Ursachen für diese Verhaltensweisen benennen.

Dies ist nicht grundsätzlich neu. Bereits im Altertum (mindestens, denn bis in diese Zeit reichen in etwa unsere Aufzeichnungen zurück) gab es erste Versuche von Typisierungen, also diese Schubladen zu definieren. Der Begriff der Typologie war geboren. Während sich nun der altertümliche „Sozialforscher" noch etwas mehr den Äußerlichkeiten bei der Typisierung zuwandte – der Berufsstand der Psychologen war noch nicht amtlich – wenden wir uns heute vor allem dem Inneren des Menschen zu. Fairer Weise sollten wir uns daran erinnern, dass dem antiken Denker, gemessen am Potenzial seiner Zeit, anteilig mehr Allgemeinwissen zur Verfügung stand, als uns heute. Damals gehörten zur Menschenkenntnis auch allgemeine medizinische Kenntnisse. Daher werden in frühen Modellen die einzelnen Typen nicht nur vom Verhalten her, sondern auch in Ihrer Körperlichkeit beschrieben. Der Pykniker beispielsweise ist klein, der Leptosome groß und schlaksig, der Choleriker bekommt mit der Zeit einen gedrungenen Hals, ein rotes Gesicht und der Athlet (ja, aus der Antiken Zeit stammt diese Bezeichnung) verfügt neben Ausgeglichenheit im Wesen auch über einen ausgeglichenen Körper, alles im Lot, ein gesunder Geist in einem gesundem Körper.

Wir dagegen leben in einer Zeit der Arbeitsteilung und des Expertentums. Das Allgemeinwissen ist derart immens, dass es kaum noch aufnehmbar, erlernbar ist. So dümpeln wir oft auf einem Auge blind und auf dem anderen sehr scharf sehend durch unser Berufsleben. Einen Medizincrashkurs zur Steigerung der Menschenkenntnis in Verkaufsberufen oder der Führung bieten selbst fortschrittliche Ausbildungsinstitute derzeit nicht an. Falls wir uns also nicht darauf einlassen mögen, unsere Kunden künftig zuerst mit dem Maßband auf (Un-) Ausgeglichenheit zu untersuchen, um auf ihre Wesenszüge schließen zu können, dann wenden wir uns wieder umso mehr den Innerlichkeiten zu.

Neben manch' anderen Versuchen der Typisierung gibt es eine moderne, richtig gute Typologie, die wegweisende Erkenntnisse nicht nur für Hochschulwissenschaftler hinter abgeschlossenen Elfenbeintürmen erlaubt, sondern auch dem Menschen außerhalb dieser Denkräume helfen kann, sich und andere besser zu erkennen und besser zu verstehen: das Riemann/Thomann-Modell über die Grundstrebungen des Menschen. Eine Typologie für Praktiker sozusagen. Eine, die im Prinzip jeden, der beruflich mit Menschen zu tun hat – und der Fokus dieses Buches liegt auf dem Berufsfeld des Verkaufens - weiterbringen kann. Eine Typologie für die Anwendung und den Gebrauch auch außerhalb der eigentlichen Psychologie bestens geeignet ist. Haben Sie keine Scheu davor, lesen Sie sich ein und nutzen Sie diese wertvollen Erkenntnisse für Ihren Erfolg.

In den gleich folgenden Kapiteln werden Sie kurz und verständlich in die Theorie eingeführt, auf der der verkaufspraktische Teil des Buches fußt.

Gedanken und Wurzeln des Konzepts

Das theoretische Modell, um welches es geht, nennt sich „Riemann/Thomann-Modell" oder auch „Grundstrebungen des Menschen". Lassen Sie sich von diesen trockenen Bezeichnungen nicht abschrecken. Auch Psychologen kürzen manches ab und die Kreativität beim Aufspüren wohlgeformter Modellnamen steht nicht immer im Vordergrund des eigentlichen Geschehens.

Prinzipiell lassen sich nach den Psychologen Fritz Riemann[4] (1975) und Christoph Thomann[5] vier verschiedene gegensätzliche Grundausrichtungen des Menschen beobachten. Grundausrichtung meint hier starke, hauptsächliche, den jeweiligen Menschen bestimmende Wesenszüge. Alle vier Grundrichtungen, um die sich in diesem Modell alles dreht, kommen in jedem Menschen vor, aber in unterschiedlicher Ausprägung und Intensität. Oft ist eine oder sind zwei dieser

[4] Fritz Riemann, geb. am 15. 9. 1902 in Chemnitz, gest. 1979 in München, Psychoanalytiker und Autor.
[5] Christoph Thomann, geb. 1950 in Bern/CH, Dr., Psychotherapeut und Autor.

Ausrichtungen maßgebend und deutlicher als die anderen wahrnehmbar.

Sehen wir uns also diese Grundausrichtungen, diese ganz bestimmenden Züge im Wesen von Menschen, diese Basiselemente, aus denen unser späterer Typ definiert wird, einmal etwas genauer an und zwar zunächst im einzelnen, jedes Element für sich gesehen.

Das Bedürfnis nach Nähe und Liebe

Folgende Dinge und Gefühle sind für Menschen mit einer ausgeprägten Nähebestrebung wichtig: Nähe zu anderen Menschen, Bindung, Zuneigung, Vertrauen, Sympathie, Mitmenschlichkeit, Geborgenheit, Zärtlichkeit und Harmonie. Sie brauchen Wärme, Bestätigung, sind selbstlos bis zur Selbstaufgabe, haben soziale Interessen, können sich leicht mit anderen identifizieren und auch sich selbst vergessen. Sie sind kontaktfähig, teambereit, ausgleichend, akzeptierend und verständnisvoll.

Sie neigen aber auch zu Abhängigkeit, da sie ungern alleine sind. Sie haben eine Opfermentalität und sind aggressionsgehemmt.

Der Nähemensch mit seine Stärken und Schwächen

Wie so häufig bei uns Menschen sind Licht- und Schattenseiten die zwei Seiten der gleichen Medaille. So finden sich diese auch in der Typologie des Riemann-/Thomann-Modells wieder.

Der Nähemensch mit einem gesunden Maß dieser Grundausrichtung versteht es grundsätzlich Nähe zu geben und Nähe zu nehmen. Dies gilt sowohl für die äußerliche, als auch für die innerliche Annäherung, für verbale Inhalte genauso, wie für seine Körpersprache. Sein Glück findet er im engen Beieinandersein, in der Gemeinschaft, im Team. Er fühlt sich in andere ein und erspürt deren Gefühle und Wünsche. Beruflich und privat spielt er gerne im Team und tut alles für den Teamzusammenhalt.

Liebt er einen anderen Menschen, dann mit großer Leidenschaft und Seelennähe. Dem geliebten Partner liest er dessen Wünsche geradezu von den Lippen ab. Im intensiven Austausch des Nehmens und Gebens in einer Beziehung strebt er die Verschmelzung mit dem Partner an. Der Nähemensch wird glücklich in der Vereinigung mit geliebten Menschen. Darin geht er auf und kann dabei selbstlos und bedingungslos lieben und sich hingeben. Die meisten Menschen dieses Typs fallen nicht so gerne auf. Sie sind eben lieber Teamspieler und können friedfertig, bescheiden und verzichtbereit ihr Leben in der Gemeinschaft führen. Er identifiziert sich einfach gerne mit anderen.

Nimmt das Bestreben nach Nähe ein stärkeres Ausmaß an, so knüpft er sein eigenes Glück an die Anwesenheit und Nähe anderer Menschen, insbesondere derer, zu denen er sich hingezogen fühlt. So kann es geschehen, dass er andere überbewertet und „in den Himmel hebt". Ob dies den anderen auch Recht ist, übersieht er dabei leicht, und er kann dabei sehr anhänglich werden oder auch „zu klammern" anfangen.

Seine große Angst vor zuviel Distanz bewirkt ein hohes Maß an Anhänglichkeit. Andere versucht er in solchen Fällen durch (eigene) Hilflosigkeit für sich zu interessieren und noch enger an sich zu binden. Würde ein Autor an einer Albtraumgeschichte speziell für Nähemenschen schreiben, so kämen sicher Verlustängste darin vor. Die Einsamkeit ist ein Zustand, den Nähetypen unbedingt meiden, Isolation von anderen Menschen, vom Team gar ein Gräuel.

Damit er dieser entgeht, beziehungsweise erst gar nicht in „Distanz-Gefahr" gerät, werden Spannungen und Konflikte mit anderen vermieden. Betrifft es lediglich ihn und einen potenziellen Konfliktpartner, so mögen die Folgen nicht ganz so schlimm empfunden werden, als die Alternative der unmittelbaren Entfernung voneinander. Werden jedoch im Team Konflikte unterdrückt – das würde ja die Gruppenharmonie gefährden – so werden auch Konflikte, die förderlich für den Teamzusammenhalt wären, unterdrückt und nicht ausgetragen. So arbeiten sie fortan unterschwellig weiter und bewirken oft das, was der Nähemensch doch eigentlich vermeiden wollte: eine massive Störung der Teamatmosphäre und des Zusammenhalts.

Durch sein „immer lieb sein wollen“ bringt er sich leicht selbst in die Situation, von anderen ausgenützt zu werden. Doch der Nähemensch sagt eben nicht gerne „nein“, wenn Menschen ihm ihre Wünsche entgegenbringen. Viel einfacher ist es für ihn dabei, die eigenen Wünsche zurück zu stellen. Er zieht sich quasi gerne in eine Opferrolle zurück, aus der heraus er andere wiederum für sich zu interessieren und zu gewinnen erhofft. Alles Mittel zum eigentlichen Zweck: Abbau von Distanz, Nähe herstellen.

Distanz schafft persönliche Freiheit

Menschen mit dieser Ausrichtung wollen und brauchen genau das Gegenteil von dem, was Nähemenschen brauchen: Abgrenzung, Unverwechselbarkeit, Freiheit, Individualität, Eigenständigkeit, rationelles Denken und Handeln („bloß kein Gefühl“). Sie wollen nicht beeinflusst werden. Sie suchen den Abstand und scheinen erst einmal niemanden zu brauchen. Sie wirken oft kühl und unnahbar. Die Vernunft ist Ihnen sehr wichtig.

Erst wenn Ihnen in einer Beziehung zu anderen ein hohes Maß an Freiheit und Rückzugsmöglichkeiten garantiert werden, lassen Sie sich auf Gefühle und Nähe ein. Sie wollen nicht auf fremde Hilfe angewiesen sein und wirken oft bindungsängstlich und/oder unbeholfen im emotionalen Bereich.

Der Distanzmensch mit seinen Stärken und Schwächen

Der distanzierte Typ Mensch fühlt sich unabhängig und stark. Er lebt in einer Art Freiraum. Eingeengt in Geflechte von Beziehungen? Nein, da würde er sich nicht wohl fühlen. Autark sein ist das, was er anstrebt. Unabhängigkeit, Bewegungsmöglichkeiten und Ellenbogenfreiheit. Er ist nicht auf andere angewiesen, schon gar nicht auf ihre Gefühle. In seiner distanzierten Haltung kann er sehr gut mit sich selbst zurechtkommen. Rückt ihm jemand zu nah auf den Pelz, so traut er sich auch ein klares „Nein!“ zu äußern, mit dem er sich und seine Welt abgrenzt von der anderer Menschen. Er möchte niemandem verpflichtet sein. In Konfliktsituationen kennt er seinen eigenen Standpunkt, seine eigenen Wünsche ganz genau und versucht sie durchzusetzen. Auch gegen die Gefühle anderer.

Großen Gruppen kann sich der Distanzmensch gut unterordnen. Sie versprechen Anonymität. Daher stellt sich der Distanzmensch auch selten in den Mittelpunkt einer Gruppe – außer dieser Mittelpunkt verschafft ihm wiederum den ersehnten Freiraum für die eigenen Gedanken und Handlungen.

Aus der von Gefühlen eher unbelasteten Distanz heraus kann er die Wahrnehmung der Umwelt und die der Zeitgenossen gut entwickeln. Keine Gefühle hindern ihn am Training des kühl kalkulierenden Intellekts. Oft finden wir Distanzmenschen daher in theoretischen Aufgabenbereichen, der Forschung und der Lehre.

Lässt man ihm seine Distanz und damit seine Ruhe gibt es ein recht gutes Auskommen mit ihnen. Durch die geschärfte, fast diagnostische Wahrnehmung können sie recht sensibel werden und auch auf unausgesprochene Sachverhalte reagieren. Der Distanzmensch ist fähig ein eigenständiges Ich früh zu entwickeln.

Mit Beziehungen tut sich der Distanzmensch landläufig etwas schwerer. Die Hingabe an andere, auch den geliebten Menschen fällt ihm schwer. Davor hat er Angst. Denn bei allzu viel Nähe droht aus seiner Sicht der Dinge der Verlust von Individualität und Unabhängigkeit, wo Freiheit doch das ist, was er unter dem Strich am meisten liebt und braucht. So macht er früh seine Erfahrungen damit und verhält sich zunehmend kühl, unpersönlich, sogar abweisend – eben distanziert. Für andere Menschen (die nicht distanziert sind) sind solche Verhaltensweisen eher befremdend und unverständlich. Sie bringen ihm mit offenen Armen (in die sie ihn gerne schließen möchten – das ist ja das Problem für ihn!) Zuneigung entgegen und werden kühl bis kalt auf Distanz verwiesen.

In solchen Situationen können Distanztypen Beziehungen abrupt abbrechen und Menschen richtiggehend zurückstoßen.

So entwickeln sie sich zwangsläufig eher zu Einzelgängern als zu Teamspielern. Lieber werden in Ruhe Theorien durchdacht oder neu gesponnen, es wird gebastelt (alleine versteht sich) und gelesen. Alles Zeitvertreib und Handlungen, die sich gut alleine und ohne auf die Gesellschaft anderer angewiesen zu sein durchführen lassen. Möchte er tatsächlich herausfinden, was in anderen Menschen, denen er seine Zuneigung entgegenbringt, vorgeht, so tendiert er dazu, dies eher aus Büchern zu ergründen, als beispielsweise durch intensive, direkte Kommunikation.

Geht er konsequent diesen, eher einsamen Weg, um Menschenkenntnis zu sammeln, so führt dies früher oder später in eine Sackgasse, denn zwischen gewonnener Theorieerkenntnis und Praxiserfahrung klafft immer mehr eine Lücke. Dieser Mangel macht ihn noch kontaktunsicherer und die Erfolgserlebnisse im Zusammenspiel mit anderen werden noch seltener. Eine starke Selbstbezogenheit bis hin zu Misstrauen, Verfolgungsängsten und sogar Wahnvorstellungen können die Folge sein. Wie bereits gesagt, nur bei konsequenter Vermeidung der unliebsamen Kontakte. Für seine Mitmenschen tritt dann eine starke Arroganz zu Tage, die mit beißender Ironie und Zynismus gepaart einen kühlgiftigen Verhaltenscocktail versprechen, den keiner mehr zu genießen vermag. In Extremfällen kann bei nochmaliger Steigerung der Distanzausprägung die Neigung zu Sadismus auftreten. Der stark ausgeprägte Distanzmensch kann dann durchaus sogar den eigenen Partner dämonisieren und die Welt als schlecht und Menschen allgemein als böse darstellen.

Dauerhaftes vermittelt Sicherheit

Folgende Werte sind für die Menschen mit einer Dauerausrichtung von größter Wichtigkeit: Zuverlässigkeit, Pünktlichkeit, Sparsamkeit, Wille, Verantwortung, Planung, Vorsicht, Kontrolle, Ziele, Gesetzte, Kontinuität, Notwendigkeit, Verbindlichkeit, Treue, Grundsätze, Regeln, Analysieren, Stabilität, Pflicht, Dauer, Konsequenzen.

Dauermenschen sind sehr verlässlich, systematisch, gründlich, ordentlich, sie haben Organisationstalent und sind prinzipientreu. Sie neigen aber auch dazu manchmal langweilig, unflexibel, pedantisch und stur zu sein.

Der Dauermensch mit seinen Stärken und Schwächen

Die großen Stärken des dauergeprägten Menschen liegen in seiner Verlässlichkeit. Aus dem immerwährenden Bedürfnis heraus, die Welt um sich herum in einem sicheren Zustand zu erleben und zu bewahren, strebt er danach, alles zu ordnen und zu kontrollieren. Diese Kontrollorientierung betrifft vor allem die Strukturen, Vorgänge, Sachen und Menschen, auf die er in irgendeiner Weise Einfluss hat. So plant er gerne weit im Voraus und geht zielbewusst an die Dinge des beruflichen und privaten Lebens heran. Seine Leitbilder dafür findet er eher in der Vergangenheit oder Gegenwart, weniger in der Zukunft.

Für seine Pünktlichkeit und Zuverlässigkeit ist er bei seinen Mitmenschen schon lange bekannt. Auch Sparsamkeit und Bodenständigkeit gehören zu seinen bestimmenden Wesenseigenheiten. Sind andere Menschen im Spiel und hat der Dauertyp Macht und Einfluss auf sie, so „verhilft" er ihnen ebenfalls zu einem derart geprägten Verhalten. Dieses zeigt sich in strukturiertem, sehr zielgerichtetem Handeln. Ordnungstätigkeiten und organisatorischen Aufgaben, wie z.B. Anträge rechtzeitig stellen, Ämter aufsuchen, Geburtstage nicht vergessen und Gratulationskarten schreiben, werden aufs pünktlichste erledigt. Dies zeigt sich auch in der akribischen Planung einer anstehenden Reise, für die dann frühzeitig und höchst sorgfältig die Koffer gepackt werden.

Dauermenschen halten gerne an Gewohnheiten fest und streben keine Veränderungen an. Sie sind ihnen suspekt, unangenehm bis unerträglich, je nach Stärke dieses Grundbedürfnisses. Viel lieber konzentrieren sie sich darauf, die Vergangenheit in der Gegenwart zu konservieren. Sie neigen zum Sammeln Gegenständen genauso, wie von Eindrücken und Erinnerungen. Anderen Menschen und sich selbst verschaffen sie eine Atmosphäre von Berechenbarkeit und Verlässlichkeit, es fällt nicht schwer, sich in ihren Händen sicher zu fühlen.

In einer beruflichen oder öffentlichen Umgebung stehen sie für Ordnung und Hierarchie. Alles hat seinen Platz, auch der Mensch und die Macht. Dauermenschen stellen mit Leidenschaft Ordnungsprinzipien auf und sorgen auch für deren Einhaltung. Gerade in Unternehmen, in denen Strukturen von großer Bedeutung sind, gelangen sie dadurch oft in hohe Machtpositionen, aus denen sie Abläufe und Menschen ordnen, anweisen und kontrollieren können. Dadurch üben sie eine überlebenswichtige Funktion in Unternehmen aus, denn Sicherheit und Ordnung stellen entscheidende Säulen für unternehmensbezogene und auch gesellschaftliche Stabilität dar. Keinesfalls die einzigen, aber eben unverzichtbare Faktoren.

Hat dieser positive Wesenzug auch eine negative Kehrseite? Ja, er hat. Der Wunsch nach übersichtlichen Strukturen, Berechenbarkeit und kontrollierbarer Ordnung erwächst aus einem überhöhten Sicherheitsbedürfnis heraus. Dies führt oft zu risikoscheuem Verhalten in allen Lebenslagen, während das Leben selbst doch bereits ein Risiko an sich darstellt mit einem festgelegten Anfang und sicherem Ende – so hart das auch klingen mag, dem Tod. Im Versuch, die Zeit dazwischen risikolos und eben sicher zu gestalten, kann es passieren, dass der Dauertyp darüber verlernt oder vergisst, frei zu leben, die Welt zu erkunden, Neuland zu entdecken, die große Vielfalt dieser Welt zu erforschen und auch andere Menschen (-typen) zu sehen, zu verstehen und in ihrer Andersartigkeit zu akzeptieren. Unsere Welt lebt nicht nur davon Erreichtes zu bewahren, sondern auch von der immerwährenden Erneuerung und Veränderung. Für den Dauermenschen stellt dies die größte Herausforderung an sich dar, Veränderungen zu akzeptieren und zumindest nicht zu verhindern. Erkennt er diese Notwendigkeiten nicht und hat er Macht und Einfluss erworben, so versucht er, Veränderungen zu verhindern und Tendenzen zur Erneuerung zu unterdrücken.

Im familiären Kreis sorgt er dann dafür, dass sich innerhalb der Familie nichts verändert. Alles und jeder bekommt einen Platz zugewiesen, den er gefälligst auch einzunehmen hat. Jeder hat seine geregelten, festgelegten Aufgaben und Zuständigkeiten, die Pantoffeln stehen immer am gleichen Platz und die Karriere der Kinder wird frühzeitig festgelegt, geplant und wehe, sie halten sich an diesen Plan nicht. Der Dauermensch übernimmt gerne Verantwortung für die Menschen um sich herum und als Preis dafür haben sie sich regelkonform zu verhalten und schon auch mal unter zu ordnen.

Aus dem stabilen Partner, der in gegenseitiger Achtung und Zuneigung handelt, kann dann ein Prinzipienreiter und Ordnungsfanatiker werden, der andere auf unangenehme Weise kontrolliert, einengt und in ihrer Entwicklung hemmt. Anstelle innerer Neigungen zu folgen, kann es geschehen, dass Kinder und Jugendliche den beruflichen Vorstellungen der vorgefertigten Pläne ihrer Eltern zu entsprechen haben und gedrängt bis gezwungen werden, diese zu erfüllen. Dann werden eher die Lebenswünsche und –ziele der Eltern erreicht, als die tatsächlichen Möglichkeiten des Nachwuchses gefördert. Und all dies unter dem Banner der Sicherheit und des Bewahrens. Oft meint es der dauerhaft geleitete Typ wirklich gut damit, aber das bekannte Gegenteil von „gut gekonnt“ ist eben „gut gemeint“.

Über dieser ständigen Planung und Kontrollsucht vergisst der stark dauergeprägte Mensch zu leben. Bevor er sich entscheidet prüft er lange die Alternativen, wird geradezu zu einem Zauderer. Er versucht schon mal auch das Unplanbare zu planen, was eben nicht geht. Das Leben bietet immer Unvorhersehbares und das ist auch gut so. Stellen uns doch gerade nicht geplante Geschehnisse vor besondere Herausforderungen und bieten uns damit die Möglichkeit, unsere besondere Leistungsfähigkeit zu erfahren und zu steigern, oder einfach nur Erfahrungen zu machen und aus ihnen neues zu lernen. Dazu gehören Niederlagen genauso, wie Erfolge. Beides sind Notwendigkeiten unseres Lebens.

Gepaart mit Machtanspruch und Machtmöglichkeiten kann der Dauertyp zum Tyrannen mutieren, sowohl in der Familie, als auch in Öffentlichkeit und Betrieb. Dann predigt oder befielt er Selbstbeherrschung und Verzicht um der Ordnung willen, bekämpft Freude und ungezügelte Lust, übt sich im Namen von Gesetz und Ordnung in Bestrafung, Drill und Dressur seiner Umwelt.

Beruflicher Kontext: Wird in einem Unternehmen ein stark dauergeprägter Mensch zum obersten Geschäftsführer bzw. Entscheider, kann es „mit Sicherheit“ in einen Zustand der Bewegungslosigkeit, Risikolosigkeit, konservativem Stillstand landen. Doch in der Welt der Ökonomie, geprägt von Globalisierung, in der permanente Veränderung zum Prinzip täglicher Marktübung geworden ist, bedeutet dieser Stillstand über kurz oder lang ein Ausscheiden aus dem Wettbewerb. Ebenso wie der Stabilität bedarf es eben auch des Willens zur Veränderung und Innovation. Je dynamischer das Marktsegment, in dem ein Unternehmen oder eine Organisation beheimatet ist, desto günstiger wirkt sich die Anpassungsfähigkeit an Veränderungen aus.

Abwechslung und Neues als Grundprinzip

Für Menschen mit dieser Ausrichtung steht alles Neue und ständig Wechselnde im Vordergrund. Sie sind das genaue Gegenteil der Dauermenschen. Alles das mit Leidenschaften, Reizen, dem Rausch und Phantasie zu tun hat, ist für sie sehr wichtig. Sie suchen den Genuss, glänzen mit Charme, Kreativität, Temperament, Suggestion, Spontaneität, Risiko, Ideenreichtum, Dramatik und Begehren. Diese Menschen sind neugierig, wünschen, suchen, lernen und leben gerne. Sie sind kreativ, einfallsreich, spontan und unterhaltsam.

Sie können aber auch unzuverlässig, chaotisch, theatralisch, egozentrisch, geschwätzig und unsystematisch sein.

Der Wechselmensch mit seinen Stärken und Schwächen

Nehmen wir die Bedürfnisse und Eigenschaften des Dauertypen und verändern wir den Wert des Vorzeichens, so erhalten wir den Wechselmenschen. Er ist dem Lebendigen des Lebens zugetan und liebt die Abwechslungen in jeder Hinsicht.

Veränderungen und Risiken begreift er als Chance, kreativ zu sein, um Neues zu erschaffen. Er strebt fortwährend nach Entwicklungsmöglichkeiten sowohl im persönlichen Bereich, als auch in beruflichen Situationen. Wechselmenschen bringen mit ihrem Chaos Farbe und Vielfalt in die graue Welt anderer Menschen. Mit ihrer Spontaneität und ihrer hohen Begeisterungsfähigkeit gehen sie ohne großes Zögern Risiken ein, wenn ein lohnendes Ziel sie lockt. Dadurch sind sie, wenn es um Entscheidungen geht, schnell bei der Hand und bringen Vorgänge zügig und entschlossen voran.

Auf Reisen bietet ihnen die Einsicht in die Lebensweise fremder Kulturen anregende Erfahrungen, das eigene Leben durch neue Erkenntnisse zu bereichern. Sie beharren nicht auf althergekommenen Strukturen und Verhältnissen. Neue Wege verheißen neue Erfahrungen – gute wie schlechte – und das ist grundsätzlich positiv für sie zu bewerten.

Wechseltypen sind von Grund auf lebendig und laden andere gerne ein, an dieser Lebendigkeit teilzuhaben. Mit dieser Einstellung können sie ihre Zeitgenossen aufmuntern und besitzen einen hohen Motivationsfaktor. Nicht selten finden wir gerade bei Entertainern viele wechselorientierte Menschen. Verkrustete Strukturen aufbrechen? Ist mir ein Vergnügen! Die Dinge ändern sich? Gerne! Den Beruf wechseln, an einen anderen Ort ziehen, mit fremden Menschen zusammenarbeiten? Kein Problem! Wechseltypen haben eine ausgeprägt hohe Anpassungskompetenz. Veränderungsaufgaben und selbst unvorhergesehene Situationen (auch Probleme) bewältigen sie mit Charme, Motivation und Entscheidungsfreude. So wird es anderen in ihrer Umgebung kaum langweilig. Bei Wechseltypen ist halt immer was los. Ihnen liegt grundsätzlich das Bewerben und Erobern – von Menschen wie von interessanten Aufgabenstellungen. Wenn es anderen schwer fällt, sich mehreren Dingen gleichzeitig zu widmen, so lösen Wechseltypen diese komplexeren Situationen elastisch und unbekümmert. Nur eben tagein tagaus das gleiche tun liegt ihnen nicht so sehr. Sich auf ein und denselben Vorgang länger zu konzentrieren, das ist nicht ihre Welt. Dafür bringen sie lieber Kontaktfreude und Kontaktfähigkeit ein, schließen schnell neue Freundschaften und lassen alte hinter sich liegen.

Zuverlässigkeit und Beständigkeit sind nun nicht die typischen Weseneigenheiten der Wechseltypen. Termine werden schon mal nicht eingehalten, der Begriff Zeit reduziert sich leicht auf den Augenblick, der gerade gelebt wird. Das Überblicken und Planen längerer Zeitstrecken birgt keinen Reiz für Wechseltypen. Lieber im Hier und Jetzt die Möglichkeiten suchen und Chancen wahrnehmen. Entscheidungen werden schnell gefällt, sofern sie stets die Möglichkeit der weiteren Veränderung und Anpassung beinhalten. Endgültigkeit, Schritte ohne Chance zur Wiederkehr – davor drückt er sich gerne. Unausweichlichen Dingen weicht der Wechselmensch aus, so unmöglich dies auch klingen mag. Er hasst jede Art von Einschränkung seiner Bewegungsfreiheit und schon auch mal die Menschen, die er damit identifiziert. Verträge, Verpflichtungen und das Übernehmen von Verantwortung gehören nicht zum Repertoire von Wechseltypen und es wäre dementsprechend falsch, von ihnen dies so ohne weiteres zu erwarten. Sie halten sich eben nicht gerne an (festgelegte) Spielregeln, Konventionen sind ihnen suspekt. Festhalten an Bewährtem bedeutet Rückschritt für sie, Regeln neu zu definieren dagegen Fortschritt. Überhaupt besitzt der Wechseltyp ein hohes Maß an Fortschrittsglauben. Mutig treibt er Innovationen voran. Risiken können dadurch gerne unterschätzt werden und echte Gefahren mit sich bringen. Wechseltypen leben in einer Art gesetzlosem Geisteszustand. Regelbedingte Gesetzeskonflikte kommen daher gar nicht selten vor.

Im Alter neigt der Wechselmensch dazu, es schlicht und einfach zu ignorieren. So als könne der Mensch auf seinem Lebensweg dem Tod ausweichen. Da Abwechslung neues Leben verheißt, ist er Neuem gegenüber nicht nur aufgeschlossen, sondern auch leicht und fast dankend verführbar. Hier und jetzt wird gelebt, was kümmert mich das Morgen. Konsequenzen drücken ihn nicht, ihnen entflieht er leichten Fußes. Irgendein Hintertürchen zum Entweichen findet sich immer. Auch was die eigene Person angeht besitzt der Wechseltyp dabei etwas chamäleonhaftes. Veränderungen der Umwelt verändern auch ihn, ganz ohne Widerstände. Sein Erscheinungsbild und auch seine Meinung kann wechseln wie das bekannte Fähnchen im Wind seine Richtung. Brauchen wir für Projekte oder irgendwelche Vorhaben zuverlässige, beständige Partner, so sollten wir den Wechseltypen nicht einkalkulieren. Wir würden etwas von ihm verlangen, was er definitiv nicht bieten kann. Suchen wir eine Person, auf deren Meinung wir bauen können wie ein Haus auf festem Grund, so sind wir hier an der falschen Adresse. Mit einem Übermaß an Wechselbestrebung ausgestattet neigt dann dieser launenhafte Personenkreis dagegen zum Narzissmus bis hin zur Selbstglorifizierung und zur Hochstapelei. Beruflich ein ‚Hans Dampf in allen Gassen', der es nirgends so recht zu was bringt. Wechselhaftigkeit ohne regulierendes Moment wird so zum unbeherrschbaren Chaos, dem weder die Umwelt zuhause, noch ein Unternehmen zu entrinnen vermag, wenn genügend Einfluss und Macht im Spiel sind.

Ausgeglichenheit oder von allem etwas

Bisher bewegen wir uns treu auf dem Pfad der wissenschaftlichen Darstellung des Riemann/Thomann-Modelles, wie es uns aus den Quellen bekannt ist. In zahlreichen Seminaren[6], in denen das Modell in einem Gruppenfeedbackverfahren angewandt wurde, hat sich noch ein weiterer Grundtyp quasi empirisch selbst geboren: Der Typ der ausgeglichenen Mitte.

Neben den klar in eine Richtung (Dauer, Wechsel, Nähe, Distanz) strebenden Typen sowie den Mischtypen (Dauer/Distanz, Distanz/Wechsel, Wechsel/Nähe, Nähe/Dauer) gibt es also auch diese Grundtendenz der Mitte, in der alle Strebungen gleichzeitig und annähernd gleich stark oder schwach, je nach Intensität, spürbar sind. Es gibt diese Menschen, die von allen Grundbedürfnissen, wie wir sie in diesem Modell kennen, ein ausgeglichenes Maß in sich tragen. Sie streben ebenso nach Nähe, wie nach Distanz, ebenso nach Dauer, wie nach Wechsel (Vgl. auch nachfolgendes Kapitel ‚Darstellung nach Christoph Thomann). Bereits bei Typologien unserer philosophisch-wissenschaftlichen Vorfahren, den antiken griechischen Denkern, gab es einen solchen ausgeglichenen Typ. Sie nannten ihn den Athleten

[6] Hinweis: Die Erfahrungen mit dem Typ der ausgeglichenen Mitte stammen aus Erfahrungen im Seminar- und Coachingbereich. Sie wurden auf empirische Weise ermittelt. Ein wissenschaftlich/statistisches Verfahren wurde nicht angewandt.

und sahen bei ihm, über den Geist hinaus, auch die Ausgeglichenheit zwischen Geist und Körper, innerlich und äußerlich im Lot.

Der Ausgeglichene mit seinem besonderen Profil

Von den Eigenschaften her waren diese Menschen vom Prinzip her vielfältig, eher generalistisch geprägt. Dazu gibt es noch eine recht interessante Erkenntnis aus den Feedbackrunden[7] zu berichten:

Die eine Gruppe der Menschen mit diesem ausgeglichenen Maß an allen Grundstrebungen wurde von den meisten Feedbackgebern so eingeschätzt, als stimmten sie mit ihren Typeigenschaften mit den jeweiligen Feedbackgebern überein. Sie wurden in der Regel als „verträglich" und „sympathisch" beschrieben. Die Pins (siehe Feedbackverfahren, Fußnote) fanden sich bei dieser Gruppe in einem größeren Kreis rund um den Ausgangspunkt in der Mitte des Modells.

Dann gab es noch eine andere Gruppe von Menschen, ebenfalls mit ausgeglichenem Profil. Bei Menschen dieser Gruppe fanden sich die Pins in einem kleineren Kreis um die Mitte des Models wieder. Diese Kandidaten wurden in der Regel als nicht gut einschätzbar angegeben. Es fehlten die klar wahrnehmbaren Anzeichen für die einigermaßen sichere Einschätzung durch die Gruppe. Hier kamen dann schon

---

[7] Den Teilnehmern wurde vor einem Feedbackverfahren das Riemann/Thomann-Modell in geeigneter Weise vermittelt. Die unmittelbaren Erfahrungen mit der Anwendung des Modells zur Einschätzung anderer Teilnehmer führten zu recht praxistauglichen Resultaten. Kurzbeschreibung des Feedbackverfahrens: 1.Schritt: Jeder Teilnehmer stellt sich ausführlich vor 2. Schritt: Allen Teilnehmern wurde das Riemann/Thomann-Modell in Theorie und Praxis erklärt. 3. Schritt: Die Teilnehmer nehmen, jeder für sich und nicht öffentlich, eine Eigeneinschätzung vor. 4. Schritt: Jeder Teilnehmer wird von der Gruppe eingeschätzt (alle gleichzeitig, mittels Pinwand, aufgezeichnetes Modell, jeder Teilnehmer hat einen Feedbackpin). 5. Schritt: Bearbeitung der Ergebnisse aus Eigen- und Fremdeinschätzung.

hin und wieder Beschreibungen wie „undurchsichtig“, „nicht einschätzbar“ oder „ich tu mir schwer, Dich zu erkennen“ zustande.

Darstellung des Modells nach Christoph Thomann

Die Grundausrichtungen lassen sich in ein Koordinatenkreuz einbinden. Es gibt dabei eine Raum- und eine Zeitachse. Die Zeitachse ist die Senkrechte mit den beiden Extremen Dauer und Wechsel. Die Raumachse ist die Waagrechte mit den Extremen von Distanz und Nähe. Raum und Zeit sind also die Kriterien, in denen Menschen sich im Umgang miteinander, in ihrem Verhalten, ihren Bedürfnissen und ihrer Wirkung unterscheiden.

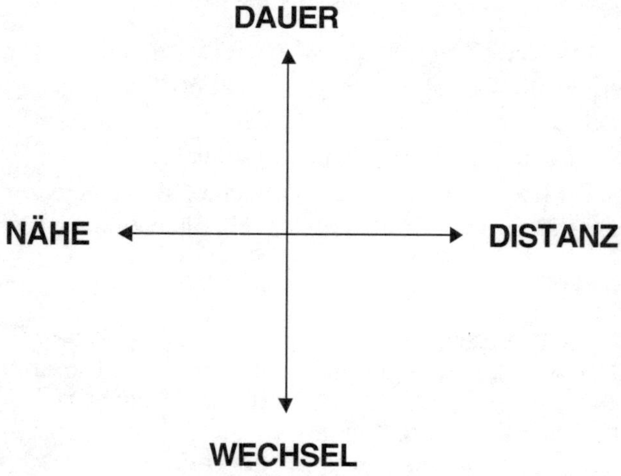

Jeder Mensch hat nicht nur eine Grundausrichtung, sondern ist ein Gemisch aus allen. Aber er besitzt Schwerpunkte. So kann seine Zusammensetzung z. B. aus 70% Nähe und 20% Distanz bestehen. Auf der Zeitachse hat er vielleicht jeweils 40% Dauer und 60% Wechsel. Daraus ergibt sich dann das Heimatgebiet, im vorliegenden Fall die (Haupt-) Kombination aus Nähe und Wechsel.

Dieses Heimatgebiet hat dann auch eine Mitte, welche durch den Persönlichkeitsschwerpunkt repräsentiert wird. Es ist sehr schwer, seine eigene Ausrichtung selbst zu bestimmen, da ja alle Grundrichtung irgendwie durch Situationen und das Verhalten in diesen bekannt ist. Wenn man allerdings versucht sich selbst einzuordnen, sollte man sich vor Augen halten, dass alle Grundrichtungen gleich zu werten sind.

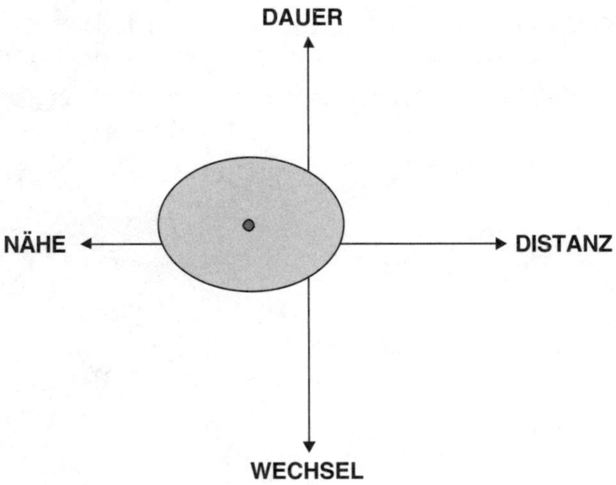

Merke: In diesem Modell ist keiner *gut* oder *schlecht*, alle sind *gleichwertig*.

Die vier Grundausrichtungen beziehen sich nicht nur auf den privaten Menschen, sondern auch auf seine Arbeitssituation. Entsprechend den gegebenen Grundtendenzen hat jeder Mensch auch seinen dazu passenden Verhaltens- und Kommunikationsstil (s.a. Nachrichtenquadrat nach Prof. Friedemann Schulz von Thun[8]).

In der Arbeitswelt sind die „offiziellen“, für akzeptabel geltenden Werte in unserer westlichen/europäischen Welt vor allem im Dauer-Distanz-Bereich angesiedelt: Gefördert werden Zuverlässigkeit, Pünktlichkeit, persönliche Distanz, Sicherheit und Ordnung, Genauigkeit und Seriosität (Es geht ja auch hauptsächlich „um die Sache“).

Doch hat die Wirtschaft als Teil der Gesellschaft diese einseitige Ausrichtung erkannt. So spricht man in den letzten Jahren nicht nur über den „IQ“, den Intelligenzquotienten eines Menschen, sondern auch über seinen „EQ“, den Emotionalen Quotienten. Nicht nur die Fähigkeit, sachlich zu bleiben und zu wirken, sondern auch das Einfühlungsvermögen, die Begeisterungsfähigkeit zählen zunehmend. Es werden nicht mehr nur Regeln aufgestellt und deren Einhaltung kontrolliert, auch das Regel-Brechen, die innovativen Elemente werden als förderungswürdig anerkannt.

---

[8] Friedemann Schulz von Thun, geb. am 06.08.1944 in Soltau, Dr. phil., Dipl.-Psych., Prof., Professur Pädagogische Psychologie an der Universität Hamburg, Autor.

6. Diese Kunden treffen wir an

Nachdem wir uns die wichtigsten theoretischen Grundlagen angesehen und erarbeitet haben, wird es nun Zeit, sich der Welt des Verkaufens zu widmen, insbesondere der Begegnung zwischen Kunde und Verkäufer. Spannende Fragen sind zu klären: Wen treffen wir an? Wie erkennen wir den Typ und wie lassen sich diese Erkenntnisse für die Aufgaben im Verkauf nutzen.

Kommunikation und Typologie für Verkäufer

Menschen im Verkauf können sich die Erkenntnisse der modernen Psychologie sehr praxisorientiert zu Nutze machen. Die Typologie gibt uns ein hochpotentes Mittel in die Hand, sich selbst und andere Menschen (Kunden) schneller und besser zu verstehen. Wir rufen an allen Ecken und Enden nach mehr Kundenorientierung und kreiden uns, leider häufig zu recht, immer wieder einen erheblichen Mangel derselben an. Doch Kundenorientierung erwächst nicht nur aus gutem Willen. Sie benötigt vielmehr eine gesicherte Grundlage im Erkennen der Kundenwünsche, um sich individuell und kundentypgerecht auf ihn einstellen zu können. Das attraktivste Angebot nützt nichts, wenn es nicht wirklich die inneren Erwartungen des Kunden trifft und befriedigen hilft. Gelebte Kundenorientierung – das bedeutet, die Wünsche des Kunden erkennen, seine konkreten Bedarfe ermitteln und beständig danach zu streben, diese zu erfüllen.

Angewandte Typologie ermöglicht es Verkäuferinnen und Verkäufern, mit Kunden schneller eine gute Wellenlänge herzustellen, eine Grundvoraussetzung für erfolgreiche Kundengespräche.

Wenn sich Menschen begegnen, kommunizieren sie. Wenn sich Verkäufer und Kunde treffen, erst recht. Ob diese Kommunikation, dieser Gedankenaustausch nun glückt, hängt wesentlich davon ab, ob zwischen den Kommunikationspartnern ein gutes Einverständnis auf Beziehungsebene erreicht wird.

Erinnern wir uns dabei an ein paar Regeln und Gesetze aus der Kommunikationslehre: Wenn Menschen miteinander kommunizieren, tauschen Sie Botschaften aus. Eine Botschaft enthält ganz grob betrachtet zwei Teile, den Sachanteil und den Beziehungsanteil. Mittlerweile gibt es Diagnosemodelle, wie beispielsweise das Kommunikationsquadrat[9] nach Friedemann Schulz von Thun, die den Beziehungsanteil weiter aufschlüsseln und noch besser verständlich machen.

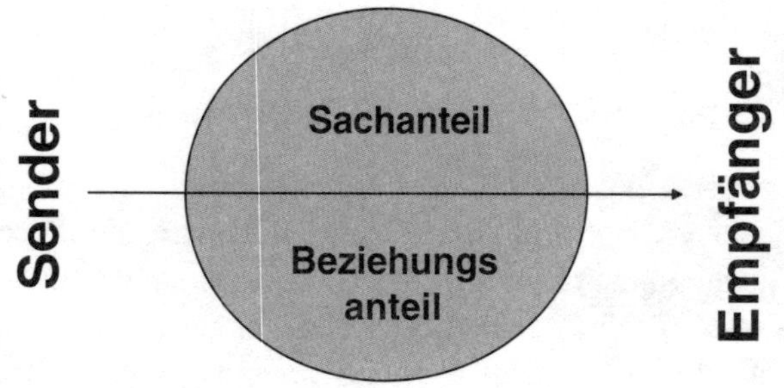

Zwei Teile einer Nachricht

Der Sachanteil besteht im Wesentlichen in dem vordergründig Gesagten, der Sachinformation. Der Beziehungsanteil dagegen ist eher das, was zwischen den Zeilen ausgedrückt wird. Er bezieht Gefühle, Stimmungen, Ironie, die Wellenlänge, eben Hintergründiges und dergleichen mit ein.

---

[9] Auch „Hören mit vier Ohren“ genannt. Ausführlich dargestellt in der Buchreihe „Miteinander reden“ von Friedemann Schulz von Thun, siehe Literaturangaben.

Ob sich zwei nun verstehen, oder nicht, hängt wesentlich von diesem Beziehungsanteil ab. Er bestimmt darüber, was vom Sachanteil im Gesagten ankommt und was der Empfänger versteht. *Der Ton macht die Musik*, wie wir es aus dem Volksmund bereits lange kennen. Auch der Redner, der Politiker muss *den richtigen Ton finden*, um seine Zuhörer, seine Wähler zu erreichen. Kurzum, das Gesetz dazu lautet: Beziehung dominiert Sache.

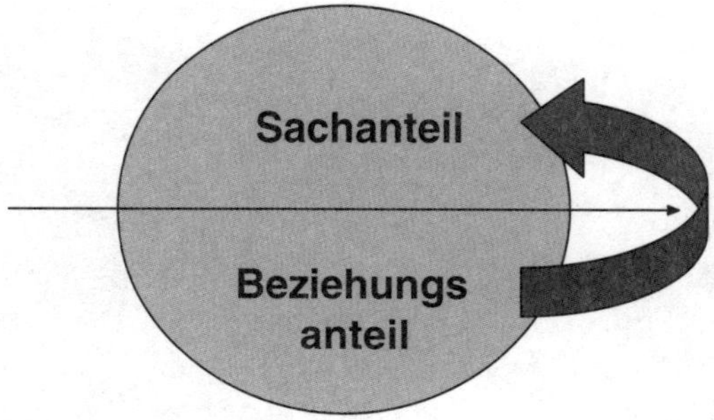

Beziehung dominiert Sache

Treffen Kunde und Verkäufer aufeinander, so steht auch für diese Begegnung eine Kommunikationsaufgabe an, die nach diesen Regeln und Gesetzen erfolgreich gelöst werden will. Ein Teil der Aufgabe besteht darin etwas zu verkaufen (aus Sicht des Verkäufers) beziehungsweise etwas zu kaufen (aus Sicht des Kunden). Dazu werden auf der Sachebene der Kommunikation, Argumente, Daten und Fakten ausgetauscht, um Bedarf und Angebot passend zu formulieren. Auch der Verkaufsabschluss stellt aus gesetzlicher Sicht einen sachlichen Vorgang dar: Ware oder Dienstleistung gegen Bezahlung.

Um sich in diesen Sachvorgängen zu einigen, bedarf es eines guten Einvernehmens auf Beziehungsebene. Bei diesem Rollenspiel „Kunde und Verkäufer" liegt nun die Pflicht, sich auf den Partner richtig einzustellen, eine gute Wellenlänge zu erreichen, deutlich mehr beim Verkäufer, als beim Kunden.

Neun unterschiedliche Kundentypen

Aus der Kombination der Grundausrichtungen und den Heimatgebieten ergeben sich für den Verkauf neun Kundentypen. Im Folgenden werden wir diese auf Erkennungsmerkmale, Überzeugungselemente sowie auf mögliche Störungen hin, in der Argumentation untersuchen und darstellen.

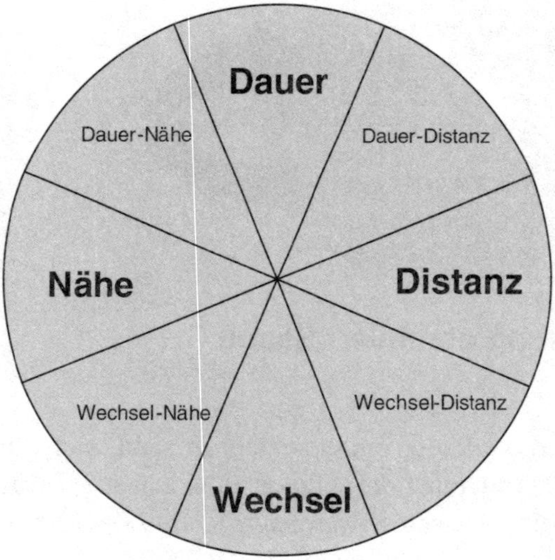

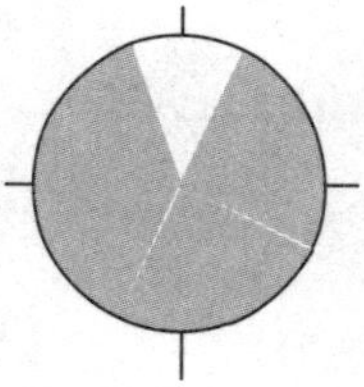

Dauerausrichtung: Der Beständige

Der Beständige ist der Kunde mit einer eindeutigen Dauerausrichtung. Diese Grundstrebung bestimmt ihn, seinen inneren Bedarf und äußeren Kaufwünsche. Bei allem, was er plant, ausführt und was er kauft leitet ihn sein hohes Bedürfnis an Sicherheit, welches er beständig und nicht endend zu befriedigen sucht. Häufig besitzt er eine ausgeprägte Markentreue über lange Zeit.

So erkennt man ihn:	▪ Äußerlich eher unauffällig und durchschnittlich gekleidet. ▪ Der Wohn- und Arbeitsbereich ist aufgeräumt. ▪ Die „Pantoffeln“ stehen an ihrem festgelegten Platz. ▪ Legt im Gespräch gerne Pausen ein. ▪ Er denkt nach bevor er spricht. Denn alles was er sagt, wird geprüft damit es von Bestand ist. ▪ Er konzentriert sich auf eine Sache, nicht auf viele Dinge gleichzeitig.
Das überzeugt ihn:	▪ Argumente von Bestand. ▪ Sicherheit und Kontrolle. ▪ Produktmerkmale, die Sicherheit und Kontrolle versprechen. ▪ Zuverlässigkeit. ▪ Alles bleibt, wie es ist. Und was ist, wie es war, ist gut.
Das schreckt ihn ab:	▪ Veränderungen. ▪ Unzuverlässigkeit. ▪ Aufgeregtes, unkontrolliert scheinendes Verhalten. ▪ Schnelle, häufige Themenwechsel im Gespräch.

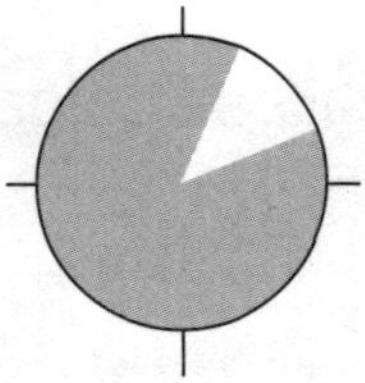

Dauer-Distanzausrichtung: Der Berechenbare

Der Berechenbare liebt die beständigen Dinge, die gleichzeitig sachlich daher kommen. Er ist in seinem Verhalten und Erscheinungsbild der typische „Banker“[10]. Alles wird auf Sicherheiten geprüft und möglichst sachlich behandelt.

So erkennt man ihn:	▪ Unauffällig sachlich. ▪ Äußerlich oft Grau in Grau. ▪ Kontrollierte Sprechweise. ▪ Ruhige, eher distanzierte Körpersprache.
Das überzeugt ihn:	▪ Sachliches Verhalten. ▪ Kontrollierbare Vorgehensweisen. ▪ Die Dinge, auch den Kauf, Schritt für Schritt angehen.
Das schreckt ihn ab:	▪ Unberechenbares, unkontrolliertes Verhalten. ▪ Emotionale Aktionen und Reaktionen

[10] Im Riemann/Thomann-Modell, bei der Darstellung von Christoph Thomann, spricht man auch vom „Bankenquadranten“ als Heimatgebiet.

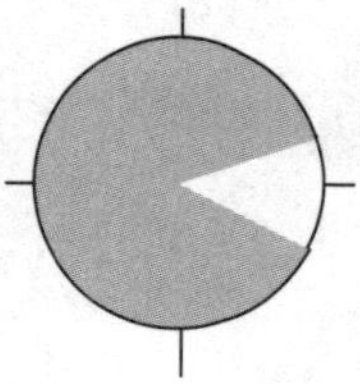

Distanzausrichtung: Der Sachlich-Distanzierte

Der Sachliche geht sehr distanziert mit den Menschen, Emotionen und auch mit Dingen um. So zieht er beim Kauf ein distanziertes Auseinandersetzen und Darstellen von Produkten vor, ebenso Verkäuferinnen oder Verkäufer, die dies respektieren. Er kauft aus sachlich begründetem Anlass. Argumente sollten sich auf die Situation, das Unternehmen oder andere abstrahierbare Begründungen beziehen.

So erkennt man ihn:	▪ Ausgeprägt distanzierte Körpersprache. ▪ Unemotionale, kühle Sprache. ▪ Abstrakte Darstellungen ohne Emotion. ▪ Hält Abstand ein, sowohl im Stehen als auch im Sitzen, z.B. bei Meetings. ▪ Distanziert sich auch mit der Kleidung von der Menge. Einfach anders als andere.
Das überzeugt ihn:	▪ Sachlich überzeugende Argumentationen. ▪ Menschen, die seine (größeren) Distanzwünsche respektieren. ▪ Gespräche ohne Gefühlsinhalte.
Das schreckt ihn ab:	▪ Menschen, die seiner Intimzone nahe kommen. ▪ Aufdringliche Fragen zu persönlichen Inhalten. ▪ Persönlich geäußerte Meinungen und stark persönliches Interesse.

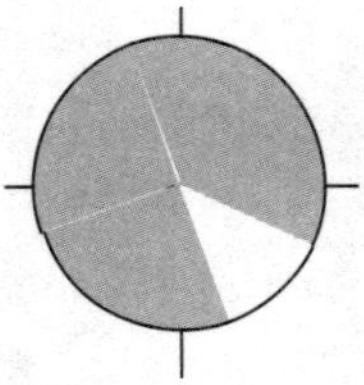

Wechsel-Distanzausrichtung: Der Reisende

Der Reisende ist genau der Typ Mensch, den man ziehen lassen muss, um ihn (zumindest ein wenig) halten zu können. Wird die Distanz nicht eingehalten, begibt er sich auf die Flucht.

So erkennt man ihn:	▪ Abwechslungsreich und gleichzeitig auf Gefühlsebene eher kühl. ▪ Für den Familienmenschen eher suspekt erscheinend. ▪ Bindungslos, distanziert. ▪ Rationale, abwechslungsreiche Sprache.
Das überzeugt ihn:	▪ Produkte, Verträge, Beziehungen, die ihn nicht einengen und binden. ▪ Verkäufer, die ihm nicht zu sehr auf die Pelle rücken. ▪ Überraschungen und Abwechslung in den Angeboten, sofern sich diese auf sachliche Aspekte beziehen. ▪ Das Gefühl, frei in der Kaufentscheidung zu sein, jederzeit.
Das schreckt ihn ab:	▪ Enge Beziehungen, z.B. langfristig bindende Wartungsverträge. ▪ Langweilig erscheinende gleichförmige Argumentationen. ▪ Langweilige Verkäufer. ▪ Langatmigkeit. ▪ Einengung, Rahmenverträge.

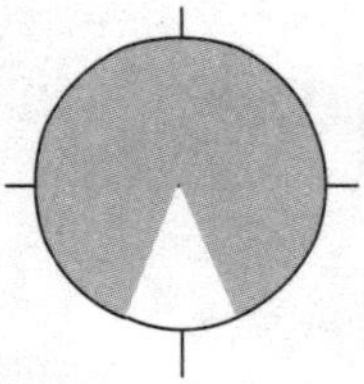

Wechselausrichtung: Der Innovative

Der Innovative ist ein Kunde, der stets das Neue will. Ausgeprägte Sicherheits- und Kontrollbedürfnisse kennt er nicht. Er orientiert sich an den neuen, kreativen Angeboten im Markt und wechselt schon mal den Anbieter, wenn er ihm zu langweilig erscheint. Der Innovative lässt sich auch auf Produkte ein, die noch sehr neu und nicht ausgetestet sind. Ihn reizt vor allem die Abwechslung. Warum also etwas tun, was man bereits getan hat und warum etwas kaufen, was man schon mal gekauft hat?

So erkennt man ihn:	▪ Die Kleidung auffallend, abwechslungsreich. ▪ Liebt unkonventionelle Lösungen und gestaltet auch seine Umgebung so. ▪ Im Büro genauso wie zuhause herrscht keine (offensichtliche) Ordnung. ▪ Auf seinem Schreibtisch herrscht scheinbares Chaos, denn der Innovative bearbeitet gerne mehrere Vorgänge gleichzeitig. ▪ Springt im Verkaufsgespräch schnell von einem Thema zum nächsten und wieder zurück.
Das überzeugt ihn:	▪ Neue, innovative Lösungen, Dienstleistungen und Produkte. ▪ Abwechslungsreiche, kreative Angebote ▪ Angebote, die sich vom konventionellen Einerlei unterscheiden. ▪ Spontane Entscheidungsmöglichkeiten. ▪ Spannendes Design.
Das schreckt ihn ab:	▪ Festgelegte Regeln, Rahmenverträge. ▪ Eingeengte Handlungsmöglichkeiten. ▪ Alles, was immer so ist, wie es bereits vorher war. ▪ Wiederholungen.

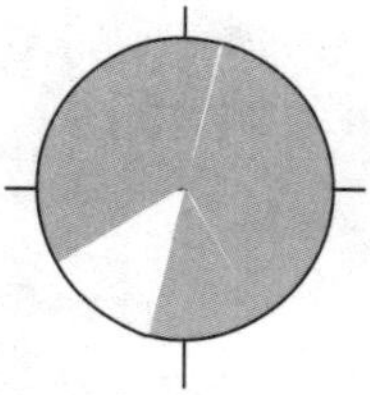

Wechsel-Näheausrichtung: Der Chaotisch-Emotionale

Der Chaotisch-Emotionale liebt die Abwechslung, sowohl in beruflichen Dingen, als auch in Beziehungen. Auf einer Shoppingtour benötigt er beides, damit er sich wohl fühlt in der Kaufentscheidung. Verkäufer, die ihn von Gefühl her ansprechen bzw. ihn auf der Bauchebene abholen, können ihn leicht von neuartigen, innovativen Angeboten überzeugen.

So erkennt man ihn:	▪ Bunt und ausdrucksstark gekleidet. Alternativ ganz in Schwarz, denn diese einseitige Kombination symbolisiert das Besondere. ▪ Chaotisch-emotional. ▪ Knüpft schnell Beziehungen, auch zum Verkäufer. ▪ Abwechslungsreich im Gespräch. ▪ Drückt sich gefühlsorientiert aus. ▪ Kann im Gespräch mehrmals seine Meinung wechseln und steht vielen Dingen offen gegenüber, gerade wenn sie neu sind.
Das überzeugt ihn:	▪ Produkte und Services, die Abwechslung versprechen und gleichzeitig Emotionen wecken. ▪ Vielfältiges, spannendes Design. ▪ Kreativität und Spontanität. ▪ Verkäufer, die sich auf seine besonderen Wünsche schnell einstellen.
Das schreckt ihn ab:	▪ Langeweile und Gefühlskälte. ▪ Verkäufer, die zu kühl und sachlich und nicht emotional argumentieren. ▪ Schlichtheit. ▪ Vergleichbarkeit.

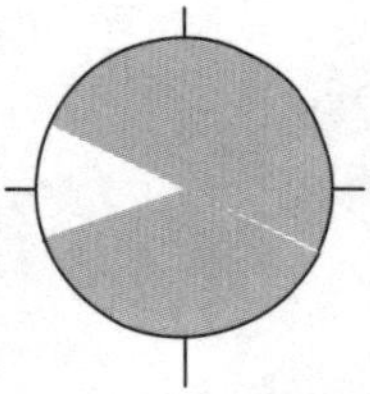

Näheausrichtung: Der Persönliche

Der Persönliche wird seinem Namen sehr gerecht und nimmt eben alles persönlich. Er denkt, fühlt und handelt immer in Beziehungen. Sie sind das Salz in der Suppe, auch beim Kauf. Er kauft, weil der den Käufer mag. Er kauft nicht, wenn der Käufer keine Beziehungsebene zur Kommunikation anbietet. Seine Kaufmotive sind stets emotional geprägt. So möchte er mit dem, was er erwirbt, anderen und sich eine Freude machen, am besten beides zusammen. Für seine Liebsten tut er alles, im Zweifel auch etwas mehr Geld für sie investieren.

So erkennt man ihn:	▪ Kommt einem körperlich eher nah und kann schon mal die Distanzgrenzen verletzen. ▪ Braucht und gibt körperliche Nähe genauso, wie seelische Nähe. ▪ Gebraucht im Gespräch oft Ausdrücke, mit denen Beziehungen beschrieben werden: Wir, Du, Sie, Ich, gemeinsam, zusammen. ▪ Argumentiert auf emotionaler Ebene und spricht fast ausschließlich auf diese an.
Das überzeugt ihn:	▪ Emotionale Argumente. ▪ Gute Beziehungen. ▪ Produkte und Services, die Beziehungen fördern oder dies suggerieren. ▪ Verkäufer, die er kennt und zu denen er bereits eine Beziehung aufgebaut hat.
Das schreckt ihn ab:	▪ Kühle Sachlichkeit. ▪ Technokraten. ▪ Menschen, die auf Distanz zu ihm gehen. ▪ Verkäufer, die nicht nach seinem persönlichen Befinden fragen oder doch zumindest irgendwie darauf eingehen.

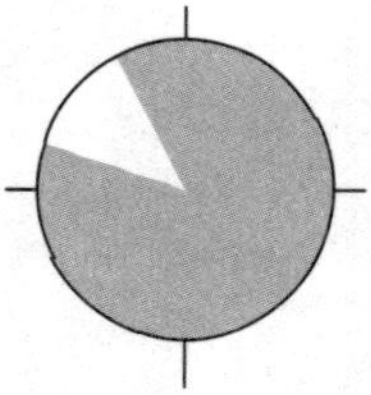

Dauer-Näheausrichtung: Der Familiäre

Der typische Familienmensch liebt Beziehungen von Bestand und langlebige Produkte. Geschäftsbeziehungen baut er auf und freut sich darüber, wenn sie lange andauern. Auf einer Shoppingtour kommt er immer wieder zu den gleichen Geschäften zurück. Nicht unbedingt, weil sie die besseren Angebote haben, sondern weil er den Verkäufer kennt und ihm vertraut.

So erkennt man ihn:	▪ Von der Kleidung her eher unauffällig und weich. ▪ Nicht allzu modisch, dafür warme Farben und Stoffe. ▪ Offeriert fast immer die Beziehungsebene, auch in beruflichen Angelegenheiten. ▪ Sofern er es sich heraussuchen kann, wechselt er nicht allzu oft, weder den Job, noch den Wohnort, noch den Partner oder den Freundeskreis. ▪ Gibt sich in allem was er macht sehr menschlich.
Das überzeugt ihn:	▪ Beständige Geschäftspartner ▪ Verkäufer, die eine langfristige Beziehung mit ihm aufbauen ▪ Zuverlässige, langlebige Produkte „mit Gefühl“ ▪ Emotionale Ansprache ▪ Familientaugliche Situationen und Angebote
Das schreckt ihn ab:	▪ Kühle Sachlichkeit ▪ Kurzlebiger Konsum ▪ Verkäufer, die sich keine Zeit für ihn nehmen und sich nicht für sein persönliches Befinden interessieren

In der Mitte: Der Ausgeglichene

Es gibt Kunden, die sich weder dem Einen oder dem Anderen eindeutigem Typ zuordnen lassen. Bei ihnen lässt sich von Allem etwas in ihrem Wesen finden. Sie präsentieren sich, wenn kommunikativ veranlagt, ausgeglichen und gleichzeitig an vielem interessiert. Sie vereinen Dauer- und Wechselbestrebung, Nähe- und Distanzbestrebung gleichzeitig, ohne jeweils das Eine oder das Andere dominierend voran zu stellen. Sie passen anscheinend recht schnell zu jedem Kommunikationspartner (auch zum Verkäufer!) und zeichnen sich eben durch hohe Anpassungsfähigkeit aus.

Gehört der Kunde vor Ihnen zu diesem Typ und zeigt sich gleichzeitig eher wenig kommunikativ, dann fallen die Signale der Typerkennung – etwas von Allem – sanft und kaum wahrnehmbar aus. Dieser, dann mehr passive Typ, wird oft als „undurchschaubar“ beschrieben. Aber auch für ihn gibt es gute Möglichkeiten, sich in der Verkäuferrolle professionell zu zeigen und erfolgreich zu verkaufen.

So erkennt man ihn:	▪ Nicht zuordenbar. Kann von Allem etwas haben ▪ Kommt in der Regel ausgeglichen rüber ▪ Im aktiven Bereich: An vielen Dingen interessiert, auch mit Widersprüchen ▪ Im passiven Bereich: „Nicht durchschaubar“ als Markenzeichen
Das überzeugt ihn:	▪ Vielseitige Offenheit des Verkäufers ▪ Keine Festlegung ▪ Toleranz ▪ Die Fähigkeit, unterschiedlichste Interessen unter einen Hut zu bringen ▪ Der Ausgleich an sich ▪ Generalistische Denkweise

Das schreckt ihn ab:	▪ Drängende Festlegung ▪ Einseitigkeit ▪ Intoleranz ▪ „Fachidioten“

Den Kundentyp sicher erkennen und ansprechen

Erst wenn der Blick das Ganze fasst,
versteht man die Details.

Frederic Vester[11]

So unterscheiden wir Nähe und Distanz

Viele Menschen und Kunden tragen ihre Grundstrebungen recht deutlich vor sich her. So lässt sich die Raumachse (Nähe/Distanz) vor allem auf der körperlichen Kommunikationsebene gut erkennen. Bereits beim Start eines Gesprächs oder der Begegnung zwischen Verkäufer und Kunde werden wichtige Informationen dafür „offen"-sichtlich. Zu unseren gewohnten Ritualen bei der Kontaktaufnahme gehört beispielsweise die Begrüßung. In vielen Fällen schließt das in unserem Kulturkreis ein Händeschütteln mit ein.

---

[11] Frederic Vester (*1925), dt. Biochemiker u. Umweltwissenschaftler

Andernorts verbeugen sich die Begrüßenden und in Österreich gehört zu den gesellschaftlichen Gepflogenheiten immer noch der Handkuss.

Ein Kunde mit mehr Näheanteil in seinem Wesen nimmt den Impuls zum Händeschütteln (oder anderer körperlicher Begegnung) schnell auf und reicht bereitwillig die Hand. Dabei neigt er sich mit seinem Körper dem des Gegenübers kurz zu, er kommt ihm dabei gerne entgegen. Oft schauen sich die Personen im gleichen Moment freundlich und interessiert in die Augen. Der Kunde mit Näheanteil mag einfach grundsätzlich einen mehr persönlich/menschlich gestimmt Start einer Unterhaltung, gerade auch in der Verkaufssituation. Er hat oft ein gutes Gespür dafür, ob „die Chemie stimmt“ und hört auf seine Bauchgefühle. Ein herzlicher Anfang ist für ihn die Basis des folgenden Gesprächs. Sie ist für die Einigung in einer Kauf-/Verkaufsentscheidung unerlässlich. Ohne einigermaßen funktionierende, von Vertrauen und gegenseitigem Interesse geprägte Beziehungsebene läuft bei ihm, außer in Notfällen, rein gar nichts.

Häufig erkundigen sich Menschen mit Nähebestrebung zunächst nach dem gegenseitigen Befinden – und der Kunde mit Näheanteil darf dies aus dem Rollenspiel heraus zu Recht von einem engagierten Verkäufer erwarten. Er möchte Interesse an seiner Person verspüren, echtes, fühlbares Engagement und nicht nur oberflächliche, stereotyp wirkende Fragen aus rein sachlichen Zwecken heraus. Für ihn schafft es die notwendige Vertrauensbasis, um vom Verkäufer beim Kauf richtig beraten werden zu können. Der Nähemensch kauft zu einem sehr großen Teil aus emotionalen Gründen heraus. Das Produkt oder die Dienstleistung selbst steht nur vermeintlich im Mittelpunkt des Verkaufsgesprächs. Somit muss sich der Verkäufer dem Kunden auf dieser Grundlage annähern, um ihn und seine Kaufbedürfnisse richtig verstehen zu können. Erst damit ist eine passende Produktauswahl und –beratung tatsächlich möglich.

Der Kunde mit mehr Distanzanteil in seinem Wesen möchte nun genau dies nicht. Wir erkennen ihn ebenfalls recht leicht auf der körperlichen Kommunikationsebene. Er kommt uns nicht zu nah und wir sollten unsererseits auch ihm nicht zuviel Nähe zumuten.

Kommt er dem Impuls zum Händeschütteln beim Begrüßungsritual schon eher zögerlich nach, so vermeidet er noch engere körperliche Annäherung gänzlich. Körperkontakte jeglicher Art mit ihm fremden Menschen sind ihm suspekt bis unangenehm. Er sucht diese zu umgehen und darf erwarten, dass ein Verkäufer dies respektiert.

Reichen wir ihm die Hand, so nimmt er diesen Annäherungsimpuls eher zögerlich wahr und kommt er uns nicht vorauseilend (antizipierend[12]) entgegen. Er zieht den ausgestreckten Arm vor, der Distanz und Schutz verheißt. Der distanzierte Typ betrachtet dieses Verhalten keineswegs als unfreundlich oder abweisend, selbst wenn es auf andere Menschen, die mehr Näheanteil im Wesen haben, so wirken kann. Für ihn bedeutet Distanz eher vornehme Zurückhaltung, die eine für ihn angenehme sachliche Begegnung ermöglicht.

Der psychologisch unausgebildete Mensch (und das sind nun mal die meisten) handelt grundsätzlich nach der Formel: Was für mich gilt, gilt auch für andere. Was ich mag, müssen doch auch andere gut fin-

---

[12] In dieser Situation in etwa: Die Absicht des Handgebens wahrnehmend und fast gleichzeitig mit dem Gegenüber die Handreichung erwidernd.

den. An diese „eingebaute“ Fehleinschätzung sollten wir uns immer wieder erinnern.

Für den einen ist wahr: Nähe bekommt mir gut, also gehe ich auf andere zu, wenn ich ihnen etwas Gutes tun will. Für andere dagegen: Distanz verschafft mir eine angenehme Situation, also distanziere ich mich von anderen, wenn ich mit ihnen ein gutes Verhältnis haben möchte. Klingt ein wenig paradox, doch ist der Mensch doch immer wieder auch zu scheinbaren wie echten Widersprüchen fähig.

Der alte Grundsatz „Behandle Kunden so, wie Du selbst behandelt werden möchtest“ enthält viel Wahres. Genauer betrachtet sind wir jedoch recht verschieden. Das, was dem Verkäufer gut tut, muss noch lange nicht dem Kunden als angenehm und angemessen vorkommen. Da unterscheiden wir uns einfach sehr voneinander und legen Wert darauf, individuell, ganz nach unseren persönlichen Bedürfnissen bedient zu werden. Der gute Wille reicht nicht, es müssen positiv spürbare, individuelle (Be-) Handlungen vom Verkäufer in die Tat umgesetzt werden.

In der verbalen Kommunikation erkennen wir die Nähetypen an Beziehungsformulierungen: wie geht es ihnen, Wir, gemeinsam, uns, euch, meine Meinung, ihre Empfehlung, was ziehen Sie vor, was ziehe ich vor, was mag ich, was mag ich nicht, da fühle ich mich gut, da geht es mir nicht gut damit und vielen mehr. Beim Verkaufsgespräch wird häufig die persönliche Bedeutung von Produkten und Leistungen erörtert, das persönliche Empfinden dazu kundgetan und beim Verkäufer ebenfalls abgefragt. Dieser Kundentyp spricht inhaltlich gerne über menschliche Angelegenheiten und breitet schon mal sein Herz auch vor fremden Menschen aus, wenn er spontan die gemeinsame Wellenlänge wahrnimmt. Er konzentriert sich auf das, was ihm wichtig ist: Familienangelegenheiten, Vorgänge im beruflichen Team, im Verein, seine Beziehungen zu anderen Menschen und deren Verhältnis zu ihm. Beschreibt oder beurteilt er beispielsweise einen Politiker, eine öffentliche Person, so hebt er Eigenschaften hervor wie sympathisch, gutaussehend oder unterkühlt, unnahbar, volksnah oder weltfremd. Kompetenz nimmt er in emotionalen Dingen wahr und fasst sie auch in Worte. Desgleichen gilt für die Beschreibung von (persönlichen!) Bedarfen und Wünschen im Verkaufsgespräch.

Die distanzierten Kundentypen ziehen dagegen sachliche Formulierungen und Inhalte vor: wie laufen die Geschäfte, man sollte, das ist, laut Statistik, üblicherweise, erwiesenermaßen. Es fehlen einfach die sprachlichen Beziehungswörter, darauf sollten wir im Verkaufsgespräch achten. Er zieht eine sachlich-kühle Ausdrucksweise vor und darf diese gerade auch vom einfühlenden, kundenorientierten Verkäufer erwarten. Seine Kaufmotive begründen sich in der sachlichen Überzeugung, nicht aufgrund von Beziehungen. Sie stören dabei sogar und können Kaufabschlüsse mit ihm verzögern bis verhindern. Der Nähemensch formuliert emotional, der Distanztyp denkt und spricht rational. So kann er in der Regel seinen Kaufbedarf in Daten und Fakten klar vorstellen und erwartet eine ebenso klare Reaktion, Bedienung von seinem Verkaufspartner.

So unterscheiden wir Dauer und Wechsel

Während bei Nähe/Distanz die räumlich/körperliche Begegnung entscheidend ist, so müssen wir auf der Zeitachse, bei Dauer/Wechsel etwas mehr auf die inhaltlichen Stationen in einem Gespräch achten.

Menschen mit viel Dauerbestrebung konzentrieren sich längere Zeit auf einen Gesprächsgegenstand. Das liegt ihnen sehr. Alles Sprunghafte lehnen sie ab.

Was Dauertypen sagen (und formulieren), hat längere Zeit Bestand. Umso mehr denken sie vorher darüber nach und lassen sich tendenziell etwas mehr Zeit dafür. Es soll ja auch länger gelten. Genau dies erwarten sie von einem guten, auf sie eingestellten Verkäufer. Sie rennen genauso wenig von Regal zu Regal in einem Geschäft, als dass sie im Gespräch die Inhalte und Stationen laufend wechseln.

Konzentration, Aufmerksamkeit und Beharrlichkeit hilft ihnen, einen für sie guten Kauf zu tätigen. Im Rollenspiel Kunde/Verkäufer benötigen wir hier einen geduldigen, nicht drängelnden, souveränen, kontrolliert wirkenden Verkäufer.

Bei der Argumentation oder Präsentation von Produkten und Leistungen sind die langlebigen Merkmale hervorzuheben. Keine Angst vor „Wir machen, was wir schon immer gemacht haben." und vergleichbaren Standpunkten. Kauft der Dauerhafte innovative Produkte, so sucht er doch zumindest die Markentreue als Beweis für die Dauerhaftigkeit. Allzu modisches lehnt er ab, konservatives liegt ihm – je nach Grad der Dauerbestrebung - schon eher.

Sein Gegenüber, der Wechselhafte, sucht dagegen die neuesten Angebot, die Trends und folgt ohne Angst vor Veränderungen den Zeitströmen. Gerade das Vergängliche bietet ihm Chancen, neue Produkte und Partner auszuprobieren. Er sammelt sehr gerne neue Erfahrungen und geht dafür gerne auch Risiken ein. Das einzig Beständige bei ihm ist die Veränderung.

Im Gespräch erkennen wir ihn leicht am unberechenbar scheinenden Verhalten. Er springt zwischen den Themen hin und her, rennt von Regal zu Regal, von Angebot zu Angebot, prüft schnell, bildet sich eine Meinung und verwirft sie schon mal wieder.

Verkäufer mit Langatmigkeit, die stur auf einem strukturierten Vorgehen beharren, haben keine Chance bei ihm. Sie sind ihm schlicht und einfach zu langweilig und eben gar nicht sein Typ. Wie sollte er sich denn auch bei ihnen in guten Händen und gut beraten fühlen? Wohl kaum.

Im Rollenspiel gilt es, sich dem schnelleren Rhythmus des Kunden anzupassen und ihn bei seiner sprunghaften Shoppingtour durch Themen und Abteilungen leichtfüßig zu begleiten. Sprunghaft scheinende Unzuverlässigkeit darf uns hier nicht stören, sie ist vielmehr der Wegweiser zum erfolgreichen Verkaufsabschluss. Den Wechselhaften müssen wir ziehen lassen, um ihn zu halten. Wie bereits erwähnt, der Mensch kann in Auftreten und Verhalten recht paradox erscheinen.

Während der Dauerhafte (beispielsweise bei Projektgeschäften) langfristige Rahmenverträge als eine hervorragende Grundlage und Vertrauensgarantie sieht, verhindern solche Bindungen die Geschäfte mit dem Wechseltypen. Der Dauerhafte benötigt Kontinuität, der Wechselhafte unbedingt Flexibilität. So sehr der Eine die Berechenbarkeit und Kontrolle als Mittel zur Sicherheit sucht, so sehr zieht der Andere die Überraschung, das Spontane, die Abwechslung vor.

Genauso unterschiedlich wie die Grundstrebungen der einzelnen Kundentypen sind, gestalten sich ihre Kaufmotive. Annäherung/Distanzierung, Argumentation und Präsentation sind stets dem Kunden maßgerecht anzupassen. Oder würden Sie (außer in Schottland vielleicht) einem männlichen Kunden unbedingt einen Rock anbieten, nur weil Sie selbst - eine Frau - gerne welche tragen?

Begegnungen am Arbeitsplatz des Kunden

Ganz viele Merkmale, unseren Kundentyp zu erkennen, bietet uns seine persönliche Arbeitsumgebung. Gerade im Verkaufsaußendienst besuchen wir in der Regel unsere Kunden und treffen sie beispielsweise in ihrem Büro an. Also: Augen auf und hingeschaut!

Wir achten auf:	▪ Persönliche Gegenstände ▪ Bilder, Fotografien ▪ Blumen ▪ Gemütlichkeit ▪ Privates

Was könnten wir im Büro eines Nähemenschen antreffen? Wir finden bei ihm – sofern vorhanden – Fotos der Familie auf dem Schreibtisch, Fotos der letzten Betriebsfeier oder von einem Ausflug mit Kollegen an der Wand, Kuscheltiere einer Werbeaktion und Pflanzen auf der Fensterbank. Alles wird „vermenschlicht", sogar der Bildschirm des Computerarbeitsplatzes, dem Ohren angeklebt und damit ein Antlitz verliehen werden. Setzen wir uns zur Besprechung zusammen, so stellt er die Stühle eher nah zueinander, beispielsweise über Eck, denn weit entfernt. Es ist sein Revier und er bestimmt die grundsätzliche Anordnung, also eine, die ihm Wohlgefühl und Heimatempfinden garantiert.

Der Distanztyp offenbart sich durch Gegenteiliges. Keine persönlichen Gegenstände und Beziehungsinformationen im Büro. Dann schon eher die Urkunde oder das Diplom an der Wand, die seine Sachkompetenz dokumentieren.

Wir achten auf:	• Eher aufgeräumter Arbeitsplatz • Distanzschaffende Anordnung von Stühlen • Eher wenig auf dem Schreibtisch • Keine persönlichen Gegenstände • Privates fehlt • Eventuell Urkunde oder Diplom an der Wand

Kleine Kuscheltiere und eine Anhäufung lustiger Werbegeschenke werden wir auf seinem Schreibtisch kaum entdecken. Sie würden ihn dabei stören, sich auf die (für ihn) wesentlichen Angelegenheiten, die stets sachlicher Natur sind, zu konzentrieren. Treffen wir uns mit ihm zu einer Besprechung und gestaltet er die Sitzordnung, dann schafft er eine (für ihn) angenehme Ellenbogenfreiheit. Die Stühle stehen eher weit auseinander, eher gegenüber, als nebeneinander. Nicht weil er uns etwa nicht mag, sondern weil er annimmt, diese distanzierte Sitzordnung müsste doch für alle Teilnehmer des Meetings passend sein. Sie erinnern sich an die fehlerhafte, eingebaute Grundannahme? Was für mich gut ist, ist doch auch für andere gut…

Auch an seinem Arbeitsplatz sorgt der beständige Dauertyp für Sicherheit und lässt Kontrolle walten. So treffen wir ihn meist nicht nur in einer aufgeräumten Stimmung, sondern auch in aufgeräumter, klar strukturierter Umgebung an. Alle Dinge haben dort ihren Platz. Ist dieser einmal gefunden und festgelegt, so können wir uns darauf verlassen, dass sich dies auch nicht so schnell ändern wird. Offene Vorgänge im oberen Ablagefache, die Akten abgeschlossener Vorgänge sauber geheftet im dafür zuständigen und beschrifteten Ordner usw. Auch zuhause, hätten wir Einblick dorthin, fänden wir alles in bester Ordnung. Pantoffeln sauber nebeneinander aufgereiht im Flur, Jacken auf dem Bügel in der Garderobe, der Läufer im Flur in paralleler Linie zur Wand, die Bilder gerade gerückt und keinesfalls schief.

Wir achten auf:	▪ Aufgeräumter Arbeitsplatz „alles unter Kontrolle“ ▪ Erkennbare Ordnung ▪ Die Dinge haben ihren festen Platz ▪ Planungsinstrumente, wie Kalender, stets griffbereit ▪ Eher wenig auf dem Schreibtisch

Dürften wir auch noch seine Schränke öffnen, fänden wir in der Besteckschublade alles in Reih und Glied: Löffel links, Gabeln in der Mitte, Messer rechts, Unterhemden aufgestapelt wie in einem Militärspind – und diese Ordnung über Generationen weitergereicht. In seinem Büro ist das nicht anders. Da er Chaos vermeidet und sich leichter auf einen Vorgang, als auf mehrere Vorgänge gleichzeitig konzentrieren kann, herrscht durch und durch Ordnung. Alles, wirklich alles hat seinen Platz und der ist einzuhalten.

Wechselhafte Typen können solche Ordnungsstrukturen überhaupt nicht ausstehen. Sie fühlen sich dadurch eingeengt und in ihrer Bewegungsfreiheit beschnitten. Sie lieben einfach die Abwechslung. Dadurch beschäftigen sie sich gerne mit mehreren offenen Vorgängen gleichzeitig bzw. kurz aufeinander folgend und laufen Gefahr, offene

Vorgänge nicht abzuschließen. Lieber kreativ und innovativ (erneuernd) tätig sein, dies ist ihnen deutlich mehr wert. So schaut auch ihr Arbeitsplatz aus: Stapel neben Stapel, bunt durcheinander gemischte Akten, kreatives Chaos, welches, das sei angemerkt, der Wechselmensch auch am ehesten im Griff hat.

Wir achten auf:	▪ Kreatives Chaos ▪ Überfüllter Arbeitsplatz ▪ Durcheinander von verschiedenen, scheinbar nicht zueinander passenden Dingen

Er hat gelernt, damit umzugehen. Sein ganzer Arbeitsplatz, seine ganze persönliche Umgebung atmet uns seinen Geist, seine Einstellung, seine Haltung entgegen. Abwechslung, buntes Leben, Vielfalt, Zeichen der Kreativität und einer chaotischen, abwechslungsreichen Lebensführung.

Insgesamt ist Aufmerksamkeit, Offenheit und – trotz aller Eile, die im geschäftlichen Alltag vorherrscht – Sorgfalt gefragt. Nicht ein Indiz alleine verhilft uns zur Typerkennung und dazu, uns richtig auf den Kunden einzustellen. Es sind oft viele kleine Puzzlesteinchen, die, richtig zusammengefügt, ein klares Bild erkennen lassen.

7. Die Umsetzung des Typologiemodells in der Verkaufspraxis

Eine gute Menschenkenntnis, ein offenes Ohr für Andere und die Fähigkeit, sich in einer gemeinsamen Sprache auszudrücken, ist eine gute Ausgangslage. Doch ein professionell geführtes Verkaufsgespräch braucht darüber hinaus eine, ja sogar mehrere Methoden. Je nachdem, welche Aufgabenstellung vorliegt, je nachdem, in welcher individuellen Situation das Gespräch geführt wird, kommt die jeweils angebrachte Methodik zum Einsatz. Darüber hinaus sollte das gewählte Verfahren natürlich auch zum Anwender und seiner Persönlichkeit passen. Methodik gehört zu den handwerklichen Elementen im kommunikativen Werkzeugkoffer eines Verkäufers und so, wie auch in der „echten" Werkstatt zuhause, wo es für jede Schraube, für jede Mutter das entsprechende Bearbeitungsteil gibt, sieht das auch in der Kommunikation nicht viel anders aus. Dabei ergeben sich in der Gesprächsführung durchaus Präferenzen, die vor allem mit der Einstellung, der eigenen Motivation, aber auch vorhandenen, oft über viele Jahre eingeübten Kommunikationsmustern zusammenhängen. So gibt es Verkäufer, die sich besonders leicht bei der Kontaktaufnahme mit neuen, noch unbekannten Kunden tun. Sie gehen frisch und frei, offen für neue Kommunikationspartner, einfühlend und oft mit einer sie motivierenden Spannung an die Aufgabe heran. Andere verstehen sich besser auf die oft fachlich geprägte Phase des Herausfindens der genauen Kundenwünsche. Sie nutzen die Fähigkeit des genauen Hinhörens, vertiefen durch gezieltes Nachfragen das Gespräch und kombinieren die Erkenntnisse zu einem attraktiven Angebot für den Kunden. Andere setzen mit Leichtigkeit ihre natürliche Dominanz in der letzten Phase eines Verkaufsgesprächs ein, teilen ein

Stück der Entscheidung mit dem Kunden, gehen in die Verantwortung und erreichen einfach häufiger Abschlüsse als ihre Wettbewerber. Wer eine gute Mischung zwischen Sachlichkeit, das sind vor allem Zahlen, Daten und Fakten, und Vorstellungskraft bieten kann, denn die ist notwendig, dem Kunden eine Nutzenperspektive für das Geschäft vor Augen zu führen, der hat darüber hinaus besondere Potenziale für sichere Abschlüsse in seinen Händen. Aber dazu noch mehr in den anschließenden Kapiteln.

Der Einsatz von Menschenkenntnis und psychologischen Erkenntnissen, wie das vorgestellte Typologiemodell, in Verkaufsgesprächen ersetzt nicht eine passende, zielgerichtete Methodik. Beide Elemente ergänzen sich im Idealfall zu einer nahtlosen Einheit. Sie benötigen sogar einander! Methodik ohne Einfühlungsvermögen wird schnell als hölzern empfunden und zumeist auch als Interesselosigkeit des Verkäufers interpretiert. Wenn wiederum Einfühlungsvermögen und Menschenkenntnis nicht auf eine professionelle Gesprächsführung treffen, dann bleibt es beim guten Verständnis, dem guten Willen, doch am Ende wechseln weder Ware noch Geld die Besitzer. Schade, denn genau deshalb finden Verkaufsgespräche ja überhaupt statt. Wir rufen uns nochmals ins Gedächtnis: Verkäufer sind nicht die Therapeuten ihrer Kunden und zur guten Absicht sollten sich reale, professionelle Handlungen einfinden. Ein Verkäufer, eine Verkäuferin, die zwar vollstes Verständnis für all' seine oder ihre Kunden hat, jedoch weder mit Produktkenntnissen noch mit ordentlicher Gesprächsführung aufwarten kann, wird kaum mit guten Verkaufsabschlüssen nach Hause gehen können. Ein Verkäufer, der nur seine eigenen Ziele verfolgt, die richtige Methodik anwendet, jedoch weder Interesse noch Einfühlungsvermögen für seine Kunden aufbringt, der wirkt egoistisch und kalt. Da sträuben sich jedem Kunden schnell die Nackenhaare und er trollt sich schnell von Dannen – nämlich hin zum Wettbewerb und erwirbt dort seine Waren und Dienstleistungen.

Keine Angst, auch ein richtig erfolgreicher Verkäufer, eine Top-Verkäuferin muss weder Superman noch Supergirl sein. Authentizität geht allemal vor. Die Erfolgreichen in der Verkäufergilde haben durchaus auch Schwächen, aber in der Regel keine allzu großen Lücken, was Methodik und Sachkenntnis betrifft, jedoch in der Regel klare Stärken. Auf die können sie selbst und genauso der Kunde zugreifen und für sich nutzen. Auch dazu später noch etwas mehr, wenn es um die Verkäuferpersönlichkeit, um das Verkäuferprofil geht.

Methodisch richtige Gesprächsführung

Ein Verkaufsgespräch ist ein Gespräch und unterliegt damit den grundsätzlichen Gesetzen und Anforderungen menschlicher Begegnung und Kommunikation. Ziel einer überzeugenden Kommunikation sollte prinzipiell sein, dass nicht der bessere, vielleicht professionellere Dialektiker, sondern die bessere Sache gewinnt. Im Verkauf strebt man daher stets eine Win-Win-Situation an, bei der alle beteiligten Partner gewinnen und das Gesprächsergebnis nicht Gewinner und Verlierer erzeugt. Daher beherrschen die Gesprächspartner die Kunst des Verhandelns idealerweise entweder gleich gut, oder der besser trainierte Partner setzt seine dialektische Überlegenheit mit dazu ein, der als richtig erkannten Sache fair zum Sieg zu verhelfen.

Auch in der Kunst der Gesprächsführung kundige Verkäufer erleben hin und wieder, dass bei Verhandlungen mit Kunden das erhoffte Resultat ausbleibt. Seien Sie deswegen aber nicht enttäuscht oder entmutigt. Dialektik erfordert, wie viele andere Disziplinen ebenso, ständiges Üben. Arbeiten Sie unbeirrt an Ihrem Ziel weiter, ein guter, fairer Verhandlungspartner für Ihre Kunden zu werden. Dazu reichen Trainingssituationen und Rollenspiele abseits des Verkaufsgeschehens nicht aus. Bringen Sie also den Mut auf, dies vor allem während Ihrer Begegnungen mit Kunden, also in der täglichen Praxis zu trainieren. Bessere Trainingspartner, als Ihre Kunden selbst, werden Sie kaum finden. Als Lohn für diese Mühe wird sich immer häufiger der gewünschte Gesprächserfolg einstellen.

Eine ausgeklügelte Methodik, Merksätze und Regeln zur erfolgreichen Gesprächsführung bieten sich als nützliche Hilfsmittel an, sind jedoch keineswegs Rezepte mit Erfolgsgarantien. Die gibt es genauso wenig, wie Zaubersprüche und alles übertreffende Einzelargumente, was auch immer Ihnen Autoren, Trainer oder andere Ratgeber suggerieren mögen. Denken Sie daran, dass jedes Gespräch nach eigenen Gesetzen, im Kontext zur aktuellen Situation verläuft und manchmal eben Überraschungen bereithält. Ihre Kunden sind Menschen, die (neben unseren menschlich-gemeinsamen Grundstrebungen) geprägt sind von individuellen, vielschichtigen Bedürfnissen, ihrem Wissen, ihren Zielen und höchst eigenen Erfahrungen.

Ihre ganz persönliche Überzeugungskraft, Ihre Ausstrahlung, Ihr Charisma als Gesprächspartner ist daher der Hauptschlüssel zu Ihrem Verhandlungserfolg. Vertrauen Sie auf Ihren Bauch, Ihre natürlichen Gefühle, setzen Sie den Verstand und das Erlernte ein, machen Sie Ihre praktischen Erfahrungen und entwickeln Sie die Essenz daraus zur ganz persönlichen Erfolgskompetenz.

Auf diesen Säulen ruht ein erfolgreiches Kundengespräch

Eine überzeugende Führung eines Verkaufsgesprächs besteht nicht einfach im Aneinanderreihen von Behauptungen und Gegenbehauptungen, sondern vielmehr im fließenden Dialog von Frage und Antwort, der gemeinsamen, möglichst zielorientierten Entwicklung von Vorstellungen und Sachergebnissen. Das partnerschaftliche Miteinander basiert demnach auf dem gegenseitigen Bemühen, auf die strittigen Fragen eine für beide Parteien zufriedenstellende Antwort oder Lösung zu finden. So finden Angebot und Nachfrage, Verkäufer und Kunde zueinander.

Methodisch richtig zu verhandeln bedeutet, auf den Gesprächspartner derart einzuwirken, dass er fühlt, denkt und handelt, wie dies der Sache (aus Kundensicht: dem Erwerb eines Produkts, einer Leistung) nützt. Der Kunde möchte überzeugt, nicht überredet werden. Der Verkäufer nimmt in diesem Dialog die führende Rolle ein. Diese Führung ist jedoch nicht unbedingt erkennbar dominant. Wer nun durch Gespräche führen will, sollte Idealerweise so wichtige Eigenschaften und Fähigkeiten besitzen, wie:

- **eine angenehme Ausstrahlung**
  um eine Persönlichkeit zu verkörpern, die das Selbstwertgefühl des anderen achtet und die der Erwartung des Partners im menschlichen und sachlichen Bereich entgegenkommt.
- **eine ausgebildete Menschenkenntnis**
  um die Bedürfnisse und die Wünsche des Partners sicherer zu erkennen und seine emotionalen Handlungen besser verstehen zu können.
- **fundierte Fachkenntnisse**
  um ein kompetenter Verhandlungspartner zu sein, der über einen hohen Sachverstand verfügt und beim Partner dadurch Glaubwürdigkeit und Vertrauen erzeugt.
- **Dialektische Fähigkeiten**
  – im Wechsel von Frage und Antwort – aus manchmal gegensätzlichen Standpunkten zu neuen, höheren und somit besseren Erkenntnissen zu gelangen.

Einstimmung auf das Verkaufsgespräch

Nicht alle Menschen können anderen wirklich vorurteilsfrei gegenübertreten. Dies hat sehr viel mit der persönlichen Einstellung, aber auch mit (hoffentlich) guten Erfahrungen zu tun. In vielen Fällen entscheiden die ersten Augenblicke über Sympathie oder Antipathie.

Da Sie erfolgreiche Gespräche führen wollen, lautet Ihr oberster Leitgedanke im Verkauf: „Ich freue mich auf meinen Kunden. Ich möchte seine Sympathie und sein Vertrauen gewinnen. Ich will ihm mit meinen Leistungen einen möglichst hohen Nutzen bringen und ihm und mir dadurch einen Gewinn verschaffen.“

Seien Sie unbesorgt: Mit dieser Einstellung, die ehrlich und von Innen heraus kommen sollte, werden Sie alle übrigen Gesprächsziele (Ganz weit vorne: Die Sacheinigung, Kauf/Verkauf, zufriedener Kunde, zufriedener Verkäufer) wesentlich leichter erreichen. Das bedeutet aber auch, gegebenenfalls ein Gespräch auch einmal ohne den Verkaufsabschluss zu beenden oder zu vertagen, wenn Sie fürchten, Ihr aufgebautes Sympathiefeld zu verlieren. Verhandeln Sie dann nämlich weiter, laufen Sie (gerade bei Dauer- und Wiederholungskunden, Key Accounts usw.) Gefahr, Ihre zukünftigen Erfolgschancen für lange Zeit deutlich zu vermindern.

Wenn Sie die Wertschätzung und die Achtung anderer wollen, müssen Sie von der ersten Minute an durch Ihre Einstellungen, Aussagen und Handlungen Ihren Mitmenschen signalisieren, dass Sie Ihren Gesprächspartner ebenfalls in gleichem Maße schätzen und achten. Denn Sie bekommen in der Regel das wieder, was Sie zuvor selbst gegeben haben. Gehen Sie auf andere Menschen bewusst und offen zu und erinnern Sie sich daran, dass wir alle (auch Verkäufer und Kunde) ein durchweg starkes Bedürfnis sowohl nach Zuneigung als auch nach Anerkennung haben.

Die Tür zur Sympathie und Zuneigung anderer Menschen öffnen Sie weit, wenn Sie Ihrem Partner interessiert und freundlich begegnen. Ein solches Verhalten löst bei ihm in aller Regel gleichartige Reflexe aus. Damit schaffen Sie die Basis für das wichtige Sympathiefeld und somit für einen unvoreingenommenen Start der Begegnung, des beiderseitigen Kennenlernens.

Das in der heutigen Zeit oft außergewöhnlich hohe Bedürfnis nach Anerkennung stillen Sie (natürlich nur zu dem der Situation angemessenen Teil) recht gut, wenn Sie Ihren Partner spüren lassen, dass er Ihnen nicht gleichgültig ist, dass Ihnen wirklich daran liegt, sich mit ihm zu verständigen, ihn und seine Bedürfnisse, seine Wünsche genau zu verstehen. Dabei ist es besonders wichtig, sein Entgegenkommen im Gespräch aufrichtig anzuerkennen, auch wenn es Ihrem Verständnis nach, faktisch bewertet gering ausfallen könnte. Damit Ihnen dies gelingt, zeigen Sie künftig deutlicher als bisher, dass Sie sich über kleine Ergebnisse ebenso freuen können, wie über die großen Zielverwirklichungen. Jeder Schritt in die richtige Richtung, wenn er auch noch so klein ausfallen mag, ist ein Schritt näher hin zum Ziel: Dem Verkaufsabschluss.

Die Rollenverteilung einhalten

Wenn Sie sich vor Ihrem Gespräch bereits innerlich auf die jeweilige Situation einstellen, fällt es Ihnen wesentlich leichter, sich situationsgerecht zu verhalten. Sie werden erkennen, dass Sie weniger Energie einsetzen müssen, um von Ihrem Partner akzeptiert zu werden. Allerdings bedeutet dies für Sie, sich vor Beginn Ihres Gesprächs gedanklich Klarheit zu verschaffen, welches spezielle Rollenverhalten von Ihnen in dem Gespräch erwartet wird.

Rollen und ihre naturgemäßen Inhalte können sehr unterschiedlich ausfallen:

- Von einem Politiker, der zur „Lage der Nation" spricht, erwartet man ein anderes Auftreten (Rollenverhalten) als von einem Reporter, der über das Endspiel der Fußballweltmeisterschaft berichtet.
- Ein Mitarbeiter bejaht seinen Vorgesetzten, wenn dieser die Rolle eines zielstrebigen aber trotzdem kooperativen Chefs konsequent wahrnimmt („spielt").
- Von einem guten Schiedsrichter erwarten wir Aufmerksamkeit, Fairness und Souveränität.
- Ein General erwartet von seinen Soldaten Gehorsam.
- Kinder dürfen von Ihren Eltern vorbildliches Verhalten erwarten, denn auf dieser Basis lernen sie Verhaltensmuster und Einstellung über lange Zeit.
- Jeder darf von Jedem Respekt erwarten, unabhängig von Alter, Geschlecht, Rang oder Namen.
- Ein Zuschauer in der Sportarena erwartet von den Akteuren Einsatz und Willen, mindestens, und im Idealfall sogar brennende Leidenschaft.
- Schließlich: Ein Kunde erwartet vom professionellen Verkaufsberater eben eine gelungene Kombination von Verkaufen und Beraten.

Vielleicht stört Sie der Ausdruck „eine Rolle spielen". Er trifft allerdings zu, weil sich in den meisten Fällen Ihr Gesprächserfolg entsprechend Ihrem gesteuerten (also kontrollierten) Verhalten (Rollenspiel) einstellt. Oder entspricht Ihre innere Einstellung stets dem Verhalten, das die jeweilige Gesprächssituation von Ihnen erfordert? Sicherlich nicht.

Sofern also Ihr Verhalten sowie Ihr äußeres Erscheinungsbild situationsbezogen nicht richtig sind, kommen Ihre Informationen (Sender) beim Partner (Empfänger) nur schwach oder verstümmelt an, weil Ihr falsches Rollenverhalten wesentliche Teile Ihrer Botschaft blockiert.

Maßgebend für die Wirkung des Rollenverhaltens ist dessen Glaubwürdigkeit. Schlüpfen Sie daher nicht in eine Rolle, die Ihrem eigentlichen Wesen widerspricht. Sind Sie von Natur aus z.B. ernst oder zurückhaltend, dann sollten Sie sich nicht zum „lustigen Burschen" verführen lassen, nur weil es Ihr Umfeld im Augenblick so wünscht.

Ihr „richtiges" Rollenverhalten wäre dann:

Ein offenes freundliches Gesicht (...weil Sie meistens viel zu ernst schauen) sowie ein bewusstes Zugehen auf die Anderen (...weil Sie normalerweise die Leute auf sich zukommen lassen). Schon erreichen Sie ein gutes Rollenspiel bei einem gleichzeitig hohen Maß an Echtheit (Authentizität).

Genauso wichtig ist es, dass nicht Ihr Partner bestimmt, welche Rolle Sie spielen sollen. Wenn er Sie z.B. in die Rolle einer Frau oder eines Mannes mit Entscheidungsbefugnis drängen möchte, würde er vielleicht sagen:

„Als Manager sind Sie doch sicher kompetent, hier und jetzt die Rahmenbedingungen festzulegen."

Da Sie sich diese Rolle nicht aufzwingen lassen wollen, könnte die Antwort lauten:

„Ich bin durchaus kompetent, hier und jetzt eine Entscheidung zu treffen. Verstehen Sie aber bitte, dass ich Ihre Vorstellungen mit meinen zuständigen Mitarbeitern besprechen möchte, da diese die Auswirkungen eines solchen Abkommens umfassender beurteilen können als ich im Augenblick." Andere mit einzubeziehen ist keine Schwäche, sondern bedeutet Stärke und Umsicht.

Zur Kooperation bereit sein

Sie beeindrucken Ihren Gesprächspartner, wenn Sie so verständlich und ‚gehirngerecht' kommunizieren, dass er ohne Mühe gedanklich folgen kann. Ob Sie verständlich sprechen, erfahren Sie zum Beispiel, wenn der Partner Ihnen erkennbar aktiv zuhört und folgerichtig fragt.

Damit Sie Ihren Gesprächspartner ganz für sich gewinnen, beachten Sie bitte folgende Tipps:

- Bieten Sie nach der Begrüßung die Themenpunkte an, welche Sie gerne besprechen möchten. Fragen Sie den Partner, ob er mit den Themen und der vorgeschlagenen Gliederung einverstanden ist. Falls Ihr Gesprächspartner es wünscht, nehmen Sie weitere Punkte in den Verhandlungskatalog auf.
- Zeigen Sie auch Ihr Einverständnis, die Themengliederung zu verändern. Mit solchen „Zugeständnissen" machen Sie sich sympathisch. Gleichzeitig wecken Sie beim Gesprächspartner schon zu Beginn der Verhandlung die Bereitschaft, auch Ihnen entgegenzukommen.
- Vermeiden Sie Fremdwörter. Fachbegriffe müssen Sie Partnern, bei denen das Verstehen dieser Begriffe nicht vorausgesetzt werden kann, unbedingt erläutern, indem Sie diese im Folgesatz – also nicht unmittelbar – beschreiben. Damit verringern Sie die Gefahr, belehrend zu wirken.
- Sprechen Sie mit bildhaften Worten und in kurzen Sätzen. Unterstreichen Sie wichtige Aussagen, indem Sie leicht zu verstehende und konkrete Beispiele ins Spiel bringen. Vermeiden Sie allzu krasse, schon gar politisch nicht korrekte Vergleiche, da diese leicht zu Missverständnissen führen können.
- Bitten Sie Ihren Partner, Sie zu unterbrechen, wenn etwas unklar ist. Wiederholen Sie aber von sich aus nichts, es sein denn, man bittet Sie ausdrücklich darum.

- Legen Sie öfter eine Sprechpause von etwa drei Sekunden ein. Diese Zeitspanne braucht ein höflicher Zuhörer, um erkennen zu können, dass er nun etwas sagen kann, ohne Ihnen ins Wort zu fallen.

Gespräche gut vorbereiten

Eine gute Gesprächsführung wird vom Gesprächspartner durchaus erkannt, mindestens als angenehm und bei geschäftlichen Inhalten als professionell empfunden. Daher ist eine fundierte Vorbereitung des Gesprächs unabdingbar.

Allgemeine Vorbereitung

Einige Fragen, die der Vorbereitung auf wichtige Gespräche, wie umfangreiche Verkaufsverhandlungen dienlich sind:

- Was ist der konkrete Anlass meines Gesprächs?
- Was sind meine Ziele, was will ich erreichen?
- Was sind die Ziele meines Gesprächspartners, was will er erreichen?
- Was genau will ich bei diesem Termin besprechen?
- Welche Fakten und Informationen benötige ich dazu?
- Kann ich auf ein aktuelles Beispiel verweisen?
- Über welches eigene und fremde Sachwissen sollte ich verfügen?
- Sind meine Gesprächspunkte folgerichtig gegliedert?
- Habe ich nach Muss- und Kann-Themen getrennt?
- Kenne ich meinen eigentlichen Themenschwerpunkt?
- Welche Argumente muss/kann ich bringen (Gewichtung, Rangfolge)?
- Sind mir die Pro- und Kontra-Wirkungen meiner Aussagen bekannt?

- Kann ich meine Behauptungen durch Praxisbeispiele auch beweisen?
- Gibt es Referenzen, Referenzinstallationen, Referenzkunden, Referenzlösungen?
- Welche Fragen - insbesondere zum Themenschwerpunkt - möchte ich stellen?
- Welche Fragen können auf mich zukommen?
- In welchen Bereichen kann ich Teilzugeständnisse machen?
- Wo könnten meine Zugeständnisse meine Gesprächsziele gefährden?
- Kann ich evtl. Gegenleistungen für meine Zugeständnisse fordern?
- Wer ist/sind mein/e Gesprächspartner (Name, Stellung, Funktion, Bedeutung)?
- Was kann ich über den Wissensstand meines Gesprächspartners erfahren?
- Welche stichhaltigen Argumente/Einwände kann mein Gesprächspartner bringen?
- Welche gemeinsamen Interessen sind vorhanden?
- Wo gibt es Win-Win-Positionen?
- Welchen Nutzen zieht mein Gesprächspartner aus dieser Verhandlung?
- Welche Nachteile entstehen meinem Gesprächspartner, wenn er meinen Vorschlägen nicht zustimmt?
- Welche Hilfen kann ich anbieten, damit mein Gesprächspartner meine Wünsche und Forderungen erfüllen kann?
- Was sollte ich bildhaft darstellen und mit welchen Bildern möchte ich arbeiten?
- Welche Aussagen kann ich womit unterstreichen?
- Welche örtliche Einflussnahme ist möglich?
- Welcher Menschentyp ist mein Gesprächspartner, welchen Grundstrebungen folgt er? Wie kann ich die Beziehungsebene möglichst positiv gestalten?
- Wie lautet meine Gesprächseröffnung?
- Welches Warming Up bietet sich an?
- Soll ein Gesprächsprotokoll erstellt werden, und erhält mein Gesprächspartner eine Kopie?
- Welche Punkte will ich protokollieren, welche nicht?

- Wurde der Gesprächstermin vorher bestätigt?
- Wie kann ich die Anreise pünktlich und sicher schaffen?

Hinzu kommen Aspekte der allgemeinen Organisation rund um die Begegnung mit dem Kunden, wie zum Beispiel der Ort des Treffens, Vorbereitung des Raumes, Sitzordnung, Bewirtung, technische Ausstattung, Präsentationsmittel und anderes mehr.

Proaktive Argumentationsprofile

Manchmal haben wir es mit immer wieder vergleichbaren Kundengruppen oder Personen zu tun. Oder wir konzentrieren uns auf eine kleinere Auswahl von Produkten und Dienstleistungen oder gleichen Funktionsträgern eines Unternehmens (Einkaufsleiter, Personalleiter, Serviceleiter und andere). Dann können wir vor den Gesprächen sehr gut ein vorbereitetes, griffiges Argumentationsprofil entwickeln und dieses in Gedanken und auch echten Präsentationen und Unterlagen mit zum Kunden nehmen.

Arbeitsbeispiel 1: Aufgabenbezogene Argumentation

Folgendes Arbeitsergebnis aus einem Verkaufstraining für Mitarbeiter eines Unternehmens des Bereichs Gesundheitswesen/ Medizintechnologie:

Die Aufgabe bestand für die Arbeitsgruppe darin, für Ansprechpartner in immer wieder den gleichen, antreffbaren Funktionen ein Argumentationsprofil für ein Therapiegerät (Qualitätsprodukt im oberen Preissegment), welches in Krankenhäusern und Dialysezentren eingesetzt werden kann, zu entwickeln. Zunächst wurden Funktionen der Ansprechpartner und Entscheider ermittelt. Danach bezogen die Teilnehmer, in diesem Fall Außendienstmitarbeiter im Verkauf, Produkteigenschaften und dazu gehörige Dienstleistungen auf die aufgabenbezogenen, damit erwartbaren Interessen der Ansprechpartner. Es wurde in Arbeitsgruppen zu je drei Teilnehmern mit Flipchart gearbeitet. Das Beispiel zeigt nur einen Auszug der im konkreten Fall ermittelten Argumente.

Funktion, Aufgabenbereich der Ansprechpartner	**Relevante Themen, eigene Vorteile für den Kunden**
Facharzt	✓ Therapiezeitverkürzung durch optimiertes Verfahren ✓ Geringere Therapiedauer: Behandlung einer höheren Anzahl von Patienten in gleicher Zeit ✓ USP[13]:Computergestützte Therapiedokumentation: Nutzung von Therapiedaten zur innovativen Therapieentwicklung, zu Forschungs- und Wissenschaftszwecken ✓ Kürzere Wartungszeiten: längere Nutzungszeit ✓ Regional organisierter Service: Service 24/7, rund um die Uhr verfügbar, schnelle Anreise, kürzere Ausfallzeiten bei Servicebedarf ✓ Innovative Technik: Qualität und Imagegewinn der Station
Apotheker	✓ Verbrauchsmaterialien für die Maschine schnell und einfach erhältlich: weniger Lageraufwand, gerin-

[13] USP: Unique Selling Proposition, einzigartiger Verkaufsvorteil, einzigartiges Leistungsmerkmal

	gere Lagergrößen und –kosten ✓ Verwendbare Verbrauchsmaterialien nicht herstellergebunden: Unabhängigkeit ✓ Verbrauchsmaterialien in unterschiedlichen Gebinden erhältlich: Sehr individuelle Bedarfsplanung und -deckung
Kaufmännischer Leiter	TCO Total Cost of Ownership: ✓ Geringere Kosten durch weniger Verbrauch von Material und Energie ✓ Geringere Kosten durch größere Serviceintervalle ✓ Kostentransparenz durch Computerunterstützung: Leicht zu ermittelnde Kostenzuordnung pro behandeltem Patienten ✓ Computergestützte Behandlungsdokumentation: Einfachere Administration für die Abrechnungen mit den Krankenkassen ✓ USP: Direkte Integration ins Krankenhausmanagement (IT) per Netzwerk möglich: Unmittelbarer Datentransfer möglich ✓ Aufrüstbare, skalierbare Konstruktion: lange Produktnutzungszeit, höherer Return of Investment, zukunftssichere Technik
Pflegedienstleiter	✓ Leichtere Handhabung: geringere Trainingszeiten für das handhabende

	Pflegepersonal ✓ Produktschulung/Training für die Bediener vor Ort möglich ✓ Schulung in mehreren Sprachen verfügbar, ebenso Bedientexte des Computers mehrsprachig: Einsatz von national unabhängigem Personal möglich ✓ Einsatz auch einfacherer, weniger qualifizierter Pflegekräfte an der Maschine möglich ✓ Sichere, personenbezogene Einsatzkontrolle durch computergestützte Dokumentation
Pflegepersonal	✓ Optimierte, ergonomische Technik: Weniger Handhabungsprobleme bei der Umstellung auf die neue Maschine ✓ Weniger Aufwand durch schnellere Bedienung und Einrichtung bei Behandlungsbeginn ✓ USP: Bedien- und Hinweistexte in mehreren Sprachen abrufbar (Muttersprache des Pflegepersonals verfügbar) ✓ USP: Zusätzlich grafische Bedienführung möglich ✓ Touchscreen: Kein Tippen auf Tastatur notwendig, einfachere Bedienerführung ✓ Speicherung von Patientendaten im

	Gerät bzw. im Netzwerk: Schnellere individuelle Einstellung des Gerätes ✓ Geringerer Geräuschpegel: Mehr Komfort für Patient und Bedienpersonal

Arbeitsbeispiel 2: Typbezogene Unternehmenspräsentation

Im folgenden Beispiel, aus einem Training für Verkaufsberater mit Ingenieurs- oder Technikerausbildung, hatten die Teilnehmer die Aufgabe ein typbezogenes Argumentationsprofil zur Präsentation des eigenen Unternehmens zu erarbeiten. Bei dem Unternehmen handelt es sich um einen europäischen Premiumhersteller im Bereich Haustechnik/Elektroinstallation. Die Zielkunden des Unternehmens sind Elektrogroßhändler, Elektroinstallationsbetriebe, Projektplaner, Architekten und Bauunternehmen, jedoch auch Hauseigentümer, die über den Einsatz, und die bei der technischen Einrichtung ihres Hauses über die Wahl des Anbieters ihres Vertrauens entscheiden. Hier wurde das Riemann/Thomann-Profil mit seinen Typfeldern für die Ermittlung und Darstellung eines Argumentationsprofils herangezogen. Die Zuordnung der Argumente zu den Typfeldern erfolgte aus dem Verständnis und dem Empfinden der jeweiligen Arbeitsgruppen heraus. In diesem Beispiel ebenfalls ein Auszug der tatsächlich benannten Einzelargumente.

Typologiebezogenes Argumentationsprofil/Schaubild:

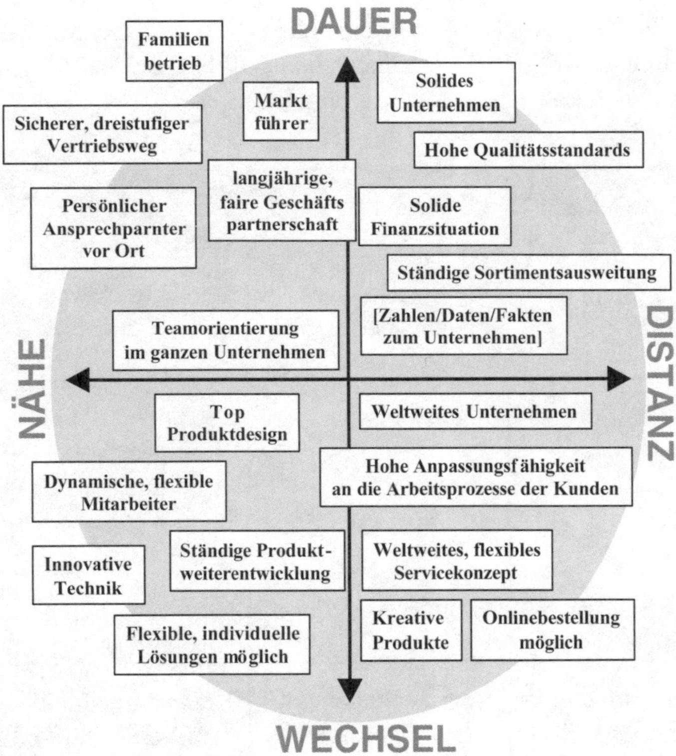

Arbeitsbeispiel 3: Eigenschaften eines Produkts mit sehr funktionaler Ableitung des Kundennutzens

Das nachfolgende Beispiel stammt aus einem Gesprächstraining für Verkäufer im Außendienst aus dem Bereich Automobile, Werkstattausrüstung. Das ermittelte Argumentationsprofil bezog sich auf ein zu diesem Zeitpunkt neu entwickeltes Produkt.

Produktmerkmal	Direkter Effekt	Nutzen für den Kunden
Betriebssystem XP (Neu!)	Ein System, auch für den Werkstattkatalog	Mehrere Anwendungen auf einem PC
Achtfaches Spurgebersystem	Eigenkontrolle	100% Präzision der Vermessung, höhere Arbeitsqualität als beim Wettbewerbssystem
Stabiles Messwertaufnehmergehäuse	Weniger Ausfälle	Geringere Ausfallzeiten
Messwertaufnehmer einzeln austauschbar	Kein Technikereinsatz vor Ort notwendig	Keine Anfahrt, geringere Servicekosten
Sturz- und Spurgeber in einer CCD-Kamera	Selbsttest auch im Sturz; System mit hoher Lebensdauer; verschleißarm	Beständig hohe Präzision des Messgeräts, geringere Betriebskosten
Baukastensystem	Erweiterbar, aufrüstbar	Investitionsschutz

Eigenes Serviceteam regional verteilt plus Subunternehmer	Schnelle Reaktionszeit bei Servicefällen	Kurze Ausfallzeiten
Schnellvermessung möglich	Zeiteinsparung	Zeit- und Kostenersparnis für Endkunden

Gespräche gut nachbereiten

Das Gespräch ist gut gelaufen, war angenehm und hat den Erfolg gebracht. Jetzt noch Zeit in die Nacharbeit stecken? Warum nicht sofort und ohne Pause zum nächsten Kunden, zum nächsten Erfolg? Eine durchaus berechtigte Überlegung, gerade dann, wenn man sich so richtig im Arbeitsfluss, im Flow befindet. Doch was passiert mit den gerade erreichten Ergebnissen, mit den wichtigen Einzelheiten und Details der Besprechung? Der Kunde hat, wenn Sie erfolgreich waren, Vereinbarungen mit Ihnen getroffen und Sie sind gehalten, die bestmögliche Erfüllung Ihres Teils der Vereinbarung jetzt anzugehen. Gerade im B2B[14]-Bereich benötigen Sie dafür fast immer die Arbeit und Leistung anderer Kollegen im Unternehmen. Sie sind nun verantwortlich, dass alle dafür notwendigen Informationen komplett und präzise an die dafür zuständigen Partner gelangen. Und diese Informationen haben Sie ummittelbar nach dem Gespräch noch präsent in Ihrem Kopf. Genau dann haben Sie wichtige Gedanken, die sich vielleicht während der Verkaufsverhandlung eingestellt haben, noch greifbar, können sie festhalten und in die Umsetzung bringen.

Haben Sie also während des Gesprächs bereits einige Notizen gemacht, das hinterlässt in den allermeisten Fällen einen guten Eindruck beim Kunden (Empfindung: „Meine Aussagen sind wichtig für den

[14] BtoB = Business to Business; Handel mit Geschäftskunden

Verkäufer.“), so ergänzen Sie nach dem Gespräch diese Aufzeichnungen und runden einen kompletten Besuchsbericht damit ab.

Im direkten Anschluss an ein Kundengespräch geht es einfach am leichtesten und schnellsten. Natürlich halten Sie auch dann Informationen schriftlich fest, wenn Sie ohne Auftrag und Abschluss aus der Besprechung kommen. Sie können mindestens die gewonnenen Informationen und persönlichen Eindrücke für die Planung der weiteren Vorgehensweise nutzen. Sie und Ihre Teamkollegen sind dadurch bestens gerüstet für den nächsten Kontakt mit dem Kunden, sei es bei einem Besuch, per Telefon oder schriftlich, z.B. bei einer Direktmarketingaktion. Eine große Unterstützung bieten hier Vertriebsinformationssysteme[15] für die Dokumentation einer längeren Akquisitionsphase und -historie. Auch computergestützte Zeitplan- und Selbstmanagementsysteme können dabei eine weitere Hilfe sein. Besteht keine DV-Unterstützung so nutzen Sie Formblätter (die helfen, wichtige Gesprächs- und Ergebnispunkte nicht zu vergessen) und auch Diktiergeräte (direkt nach dem Gespräch Inhalte und Eindrücke festhalten). Welches System Ihnen auch am besten erscheint, halten Sie die Informationen fest und stellen Sie diese Ihren Partnern im Unternehmen schnellstmöglich, ohne Arbeitsredundanzen (Doppelterfassung) zur Verfügung.

Notieren Sie dabei nicht nur rein geschäftliche Informationen, sondern interessieren Sie sich besonders bei Dauergesprächspartnern auch für den Menschen. Nähetypen (s. Typologie) beispielsweise schätzen es besonders, wenn Sie sich persönliche Daten, wie Geburtstage, Jubiläen, merken und in die Zusammenarbeit einfließen lassen, ja sie erwarten es geradezu. Solcherlei Aufmerksamkeit kann eine ausschlaggebende Wirkung für die Kundenbeziehung, für künftige Gesprächsverläufe und -ergebnisse haben. Entscheidungen fallen sehr, sehr oft auf der persönlichen Vertrauensbasis. Und Vertrauen entsteht vor allem durch Wissen und gemeinsam gewonnene, gute Erfahrungen.

---

[15] CAS Computer Aided Selling und CRM Customer Relationship Management-Systeme

Gehen Sie also mit den Akquiseinformationen nicht nachlässig oder gar egoistisch um. Teilen Sie sie mit relevanten Ansprechpartnern und Abteilungen in Ihrem Unternehmen. Nutzen Sie für die Weitergabe alle Möglichkeiten moderner Kommunikationssysteme. Denken Sie dabei an den Ansatz einer ganzheitlichen Unternehmensführung, den Zusammenhalt, die gemeinsamen Ziele und Ihren ganz persönlichen Beitrag dazu. Je großzügiger Sie mit Informationen umgehen, immer unter Berücksichtigung der notwendigen Vertraulichkeit, desto mehr Informationen kommen auch für Sie zurück. Dabei gilt es - gerade bei der Vielfalt der Kommunikationsmöglichkeiten - gezielt und diszipliniert mit Informationen umzugehen. Ein modernes, leistungsfähiges Customer Relationship Management lebt geradezu von den Informationen aus erster Quelle, von den Verkäufern. Je besser die Informationsbasis, desto wirkungsvoller, und ohne Geld zu verschwenden, können die darauf basierenden Marketing- und Vertriebsaktionen in Szene gesetzt werden.

Achten Sie darauf, niemanden zu übergehen und keine Folgeaufträge bzw. -erledigungen doppelt zu vergeben.

Fragen, zuhören und antworten

Regeln für Sender und Empfänger

Es gibt einige allgemeine, zugleich grundlegende Kommunikationsregeln, die das Gelingen Ihrer Gespräche mit Kunden, wie auch sonst erleichtern werden.

Auf der Seite des **Senders**:

- Organisieren Sie Ihre Gedanken, bevor Sie reden!
- Drücken Sie sich möglichst klar aus!

- Bringen Sie nur einige wenige Punkte in einer Aussage unter, denn in der Kürze liegt die Würze!
- Wenn Sie unsicher werden, hören Sie auf zu reden.

Auf der Seite des **Empfängers**:

- Hören Sie zu, solange der „Sender“ spricht!
- Denken Sie bewusst erst an Ihre Antwort, wenn der „Sender“ fertig ist!
- Achten Sie auf das Ganze, nicht nur auf Details!
- Verstehen setzt Zuhören voraus!

Aktiv Zuhören / Kontrollierter Dialog

Viele Missverständnisse kommen auch zwischen positiv eingestellten Kommunikationspartnern schlicht durch Unkonzentriertheit und Ablenkung zustande. Daher sollten wir uns anstrengen, dem Partner im

Gespräch unsere ungeteilte Aufmerksamkeit zu schenken und nicht anderen Gedanken nachzuhängen, beispielsweise früheren Vorgängen oder kommenden Projekten.

Möglicher Ablenkung lässt sich gut entgegenwirken durch genaues, geduldiges und analytisches Zuhören, dem AKTIVEN ZUHÖREN bzw. dem kontrollierten Dialog. Dies bedeutet:

Dem anderen immer wieder zu signalisieren: Wir sind gedanklich noch bei ihm! Beispielsweise durch einfache Aufmerksamkeitsgesten wie:

- mmh, ja

- Nicken

- „ich höre zu"

- kurze Zwischenfragen.

Bei längeren Gesprächen von Zeit zu Zeit das Gehörte zusammenfassen. Damit wird dem Sprechenden versichert, dass er richtig verstanden wurde. Hat man ihn falsch verstanden, so bekommt er die Möglichkeit, seine Aussage noch einmal zu verdeutlichen.

Vermeiden Sie eine beurteilende, wertende Haltung (keine Kritik, kein guter Rat, kein Wecken von Schuldgefühlen). Besser dagegen ist es, dem Anderen sein aufrichtiges, ehrliches Interesse, eine tolerante Offenheit zu zeigen.

Dazu einige Fragen für die Eigenkontrolle: Schalte ich beim Zuhören häufiger ab,

- weil ich mich langweile?
- weil mich das Gesagte nicht interessiert?
- weil ich mich bereits auf meine (Gegen-) Argumente konzentriere?
- weil ich bereits weiß (!), was der andere mir sagen will?
- weil ich den anderen gerne unterbrechen würde?

- weil ich lieber selbst rede?
- weil ich mich nicht konzentrieren kann?
- weil ich müde bin?

Hier einige Empfehlungen für aktives Zuhören in drei Schritten:

1. **Geduldig zuhören**
   Lassen Sie andere ausreden. Achten Sie auf Ihre Gesprächsanteile und reden Sie so wenig wie möglich. Signalisieren Sie Aufnahmebereitschaft. Geben Sie dem Gesprächspartner Zeit zum Formulieren. Die permanent gezeigte Bereitschaft, zum nächsten Luftholen ins Wort zu fallen, hetzt und stresst den Partner. Vermeiden Sie Ablenkung. Beweisen Sie besser in späteren Gesprächsphasen, dass Sie tatsächlich zugehört haben. Benutzen Sie dazu die originären Formulierungen und Worte des Gesprächspartners. Das schafft Nähe und Vertrauen.

2. **Genau zuhören**
   Mit allen „vier Ohren"[16] zuhören. Beachten Sie, aus welchem ICH-Zustand der/die andere spricht.

3. **Analytisch zuhören**
   Das Hauptanliegen des/der Sprechenden erkennen. Trennen Sie die Informationsebenen - z.B. emotionale Anteile von Sachinformationen - und üben Sie diese Unterscheidung beständig. Erkennen Sie unvollständige, falsche und einseitige Argumente.

Hinweis /Ausblick: In der Fortsetzung des aktiven Zuhörens lässt sich durch besonderes Herausstellen und Drastifizieren[17] eine noch stärkere Kontrolle des Dialoges erreichen.

---

[16] vgl. Friedemann Schulz von Thun: Miteinander reden.
[17] Hier in etwa: Verstärken, noch deutlicher machen.

Frageformen

„Wer fragt, der führt!“ lautet eine bekannte Regel für die erfolgreiche Gesprächsführung. In der Tat bestimmt eher der Fragende, worüber im Dialog zwischen zwei und mehr Menschen gedacht und gesprochen wird, als der Antwortende. Wie in einem guten Tennisspiel fliegen zwischen den Dialogpartnern die Gedanken hin und her, wobei der Fragende den Takt und die Geschwindigkeit vorgibt. Im Tennis stehen den Spielern Aufschlag, Vorhand, Rückhand, Volley, Slice und andere Techniken zur Verfügung, ihr Spiel zu gestalten und letztendlich zu gewinnen. Vergleichbar dazu gibt es bei Dialogführung mit den verschiedenen Frageformen eine breite Auswahl von Variationsmöglichkeiten. Richtig eingesetzt helfen Sie uns, unterschiedliche Gedankengänge und Antworten einzuleiten. Sie sind das wesentliche Mittel, unsere Gespräche mit Kunden zu *führen.*

Lassen Sie uns zunächst zwei grundsätzliche Fragerichtungen feststellen: Geschlossene Fragen – offene Fragen. Wie bei der Körpersprache (hier gibt es die beiden Grundhaltungen *Offen* und *Geschlossen*) stehen sich *Geschlossen* und *Offen* als Basisfragerichtungen gegenüber. Jedoch gibt es, wie bei den Farben, nicht nur schwarz oder weiß, eben offen oder geschlossen, sondern viele Töne und Abstufungen dazwischen. Letztendlich entscheidet die erzielte Wirkung beim Gegenüber, wie offen oder geschlossen dieser die soeben gestellte Frage empfunden hat und wie dieser entsprechend darauf reagiert. Gespräche sind eben nicht physikalisch, absolut, eindeutig wie eine mathematische Formel, sondern stets subjektiv und relativ. Relativ zum Verhältnis der Gesprächspartner zueinander, relativ zur Situation, in der sie sich treffen, relativ zum Rollenspiel, in dem sie sich befinden, relativ zu vielen Randbedingungen.

Geschlossene Fragen

Sie leiten, wie die Bezeichnung bereits verrät, eher geschlossene Antworten ein. „Fahren Sie heute noch in die Stadt?“ leitet Antworten ein wie beispielsweise „Ja.“, „Nein.“, „Vielleicht später.“ Der Antwortende beschränkt sich bei geschlossenen Antworten in der Regel auf kurze Antworten, die durchaus nur noch aus einem Ja oder Nein bestehen können. Geschlossene Fragen bringen den Gefragten dazu, die Sache auf den Punkt zu bringen und nicht weit auszuholen. Wer geschlossene Fragen einsetzt, steuert den Gesprächsverlauf mit kurzen Zügeln, der Kontrollfaktor ist hoch, die Variationsmöglichkeiten im Verlauf der Antwort tendenziell gering.

Offene Fragen

Sie dagegen öffnen ein weites Feld von Antwortmöglichkeiten beim Gesprächspartner. Er kann als Befragter selbst bestimmen, wie er auf eine offene Frage eingeht, ob er kurz oder ausführlich antwortet. Auf die Frage „Wie ist es Ihnen in der letzten Zeit ergangen?“ kann der Befragte sich auf kurze Antworten („Eher gut.“ „Nicht so gut.“) beschränken, aber auch weit ausholen und eben über die letzte Zeit erzählen. Der Fragende erfährt so unter Umständen Dinge, die er mit präzisen, kurzen, knappen, geschlossenen Fragen überhaupt nicht angesprochen hätte, aber für ihn dennoch wichtige Erkenntnisse liefern. Mit offenen Fragen wird der Dialog an langen Zügeln geführt. Sie bestimmen zwar die Richtung, aber der Partner wird durch diese Art Fragen dazu eingeladen, am Takt und am Inhalt mehr mitzubestimmen, sich aktiv einzubringen. Der Kontrollfaktor ist bei offenen Fragen niedriger, die Notwendigkeit zum konzentrierten Zuhören dagegen sehr viel höher. Gerade dann, wenn der Befragte ausschweifend antwortet, ist höchste Aufmerksamkeit gefordert und der Fragende, der Gesprächsführer muss aufpassen, die Führung des Gesprächs in ausufernden Antworten nicht zu verlieren.

Offen oder geschlossen?

Eine Festlegung, welche Frageform, ob die offene oder die geschlossene nun die bessere sei, lässt sich so einfach nicht treffen. Es kommt eben ganz darauf an, wohin die Gesprächsführung hinführen soll, welche Wirkung beim Gegenüber erwünscht ist. In Phasen der Orientierung helfen offene Fragen das Themenfeld grundsätzlich auszuloten und werden dann häufig als angenehmer empfunden. „Wofür interessieren Sie sich?“ bringt den Kunden am Anfang eines Verkaufsgesprächs bestimmt besser ins Spiel, als Fragen wie „Sie brauchen doch sicher einen neuen Anzug, nicht wahr?!“ Benötigt der Kunde jedoch von Anfang an etwas mehr Hilfe zur Orientierung und Vorgehensweise, so können auch geschlossene Fragen zu diesem frühen Zeitpunkt sympathisch ankommen: „Wollen wir uns erst mit den Produkten oder mit den Serviceleistungen befassen?“

Werden in anderen Phasen dagegen Entscheidungen angestrebt (und von beiden Partnern erwartet), dann helfen vor allem geschlossene Fragen wie „Können wir das so festhalten?“, den Entscheidungsprozess auf zielführende Weise voranzubringen. Offene Fragen mit ihren vielfältigen, breit angelegten Antwortmöglichkeiten passen hier nicht. Stellen Sie sich einmal das verdutzte Gesicht eines Kunden vor, würde der Verkäufer am Ende eines bis dahin erfolgreich verlaufenen Verkaufsgesprächs, gerade dann, wenn der Kunde sich entscheiden möchte, diesen fragen: „Und überhaupt, wie geht es Ihnen derzeit denn so?“

Sie merken schon, es geht bei der Kategorisierung *offen* oder *geschlossen* nicht wirklich um die eindeutige Zuordnung von gut oder schlecht, sympathisch oder unsympathisch auf die Frageform an sich, sondern ausschließlich um Aspekte wie hilfreich, zielführend, bremsend, störend, fördernd beim Effekt auf den Dialogpartner.

Spezielle Frageformen ihre Wirkung

Gibt es denn außer *offenen* und *geschlossenen* Fragen noch weitere Fragenformen? Ja, es gibt sie. Sie sind in der Bezeichnung orientiert an ihrer Auswirkung, wie an ihrem methodischen und inhaltlichen Zweck. Schauen wir uns eine ganze Reihe dieser Frageformen an. Sie sind uns von unmittelbarem Nutzen für die kontrollierte Gesprächsführung. Wir steuern vor allem mit ihrer Hilfe durch den Dialog mit unseren Kunden und natürlich auch anderen Gesprächspartnern. Ein professioneller Gesprächsführer trainiert immer wieder das gezielte Fragen und Zuhören, das Analysieren und aktive Reflektieren, damit er sich und seinen Gesprächspartner sicher ins Ziel bringt. Allgemein lässt sich, aus Praxis- wie Trainingserfahrungen heraus feststellen, dass es doch sehr viele (ungeschickte) Verkäufer gibt, die sich fast ausschließlich darauf konzentrieren, den Kunden über all' die tollen Dinge zu informieren, die das eigene Angebot so hergibt, anstelle ihn zu fragen, was er überhaupt möchte und wofür. So tappen auch Verkäufer mit positiver Motivation, Fleiß und Einsatz später im Gespräch, wenn es um das Darstellen des Nutzens, das Aufzeigen einer Perspektive geht immer wieder im Dunkeln und haben alle Fäden zur Entscheidungsfindung aus den Händen gegeben. Wer fragt, der führt. Wer fragt und versteht, reflektiert und aufzeigt, der führt bis zum Abschluss. Viele Fragen, vor allem Informationsfragen, lassen sich zu einem guten Teil sogar vorbereiten. Doch lassen sich Verkäufer mit einem hohen Grad an Einfühlungsvermögen gerne auch von ihrer Intuition leiten und gelangen so schnell und zielsicher an den Kern des Kundenbedarfs.

Informationsfrage	Eine Frage, die zum Einholen von Informationen dient und typischerweise mit einem „W" beginnt: Wie, was, woher, warum, weshalb. „Welche Farbe gefällt Ihnen besonders?" „Was genau möchten Sie mit diesem Produkt erreichen?" „Wie soll angeliefert werden?" „Wann benötigen Sie die Ware?" „Wie viele Patienten betreuen Sie in ihrer Pra-

	xis?" „Wie viele Betten haben Sie hier in der Klinik?" „Welche Erfahrungen haben Sie mit unserem Service bisher gemacht?" Gerade in der Phase Bedarfsanalyse sollten viele fachlich fundierte, logisch aufgebaute Informationsfragen gestellt werden. Sie helfen dem Verkäufer das spätere Angebot richtig zusammenzustellen und zeigen dem Kunden das Interesse und über gezielte Inhalte auch die Fachkompetenz des Verkäufers. Sie sollten sich, bezogen auf ihre typische Kundschaft, den Kontext, also das Gesamtgeschehen, in dem die Verkaufsgespräche stattfinden und ihr Angebot an Produkten und Dienstleistungen wichtige Informationsfragen überlegen und vorbereitet in Petto haben.
Alternativfrage	Hier gibt es nur wenige (günstige) Antwortmöglichkeiten für den Befragten: „Wollen wir uns um 10.00 Uhr treffen oder um 14.00 Uhr?" „Möchten Sie Schwarz, Rot oder Gold?" Der Fragende hilft dem Befragten mit Antwortmöglichkeiten, in dem er diese in die Frage selbst bereits eingebaut hat. So fällt es meist leichter in Entscheidungsphasen eine Antwort (Entscheidung) zu formulieren. Alternativfragen helfen, offene Sachverhalte konkret auf den Punkt zu bringen. Auch in der Anfangsphase eines Gesprächs, vor allem wenn der Kunde klar Eile und Zeitdruck signalisiert, können Alternativfragen helfen, bei-

	spielsweise die zur Verfügung stehende Zeit besser zu nutzen: „Was ist dringender für unser heutiges Gespräch – die Führungskräfteschulungen oder das Projekt mit der Verkaufsabteilung?“
Suggestivfragen	Ein sehr schwieriger, konfliktträchtiger Fragetyp. Suggestivfragen stellen den Versuch dar, den Gesprächspartner direkt und in der Haltung von oben herab im eigenen Sinne zu beeinflussen, ja sogar zu dominieren. Sie verleiten den anderen mit einem wahrnehmbaren Druck zu einer bestimmten Antwort. Was man oberflächlich betrachtet für einen ‚hilfreichen Schubs“ betrachten könnte, provoziert den Gesprächspartner häufig jedoch zum Widerspruch und in seiner Haltung zum sich verschließen. Im Kern sind dies stets Fragen wie: „Sie sind doch auch der Meinung, dass ... ?“ Suggestivfragen werden immer wieder vor allem im Konsumentengeschäft eingesetzt. Vor allem dann, wenn der Verkäufer einen leicht beeinflussbaren, unterlegenen Kunden vor sich glaubt. Kurzfristig betrachtet bringt das bei Menschen, die sich rhetorisch unausgebildet in einer eher wehrlosen Lage gegenüber dem ausgebildeten Verkäufer befinden sogar Erfolge. Denken wir dabei an das berüchtigte Drückergeschäft an der Haustüre. Doch Suggestivfragen wirken selbst bei diesen gar nicht oder wenig rhetorisch gewieften, schwächeren Gesprächspartnern nicht sympathisch. Vielleicht wird er sich dominieren lassen und das Geschäft mit dem Verkäufer machen. Doch ob er Dauerkunde und das Produkt, den Verkäufer

	weiterempfehlen wird? Das mag bezweifelt werden. Die berüchtigten Suggestivfragen – Sie sollten sie unbedingt vermeiden, dokumentieren sie doch in ihrem Kern die nicht vorhandene Offenheit des Verkäufers, sich in hohem Maße unvoreingenommen um die Wünsche des Kunden zu kümmern. Der suggestive Verkäufer fragt vordergründig um die Meinung des Kunden und nimmt die Antwort in der Frage selbst bereits vorweg. Diese Art Fragetechnik hat in guten Verkaufsgesprächen zwischen gleichwertigen Partnern nichts verloren und sollte, sofern in den eigenen Kommunikationsmustern vorhanden, schnell abgelegt sofern notwendig sogar abtrainiert werden.
Rück- oder Gegenfrage	Mit dieser Frageform kann man zusätzliche Informationen sammeln, Antworten werden hinterfragt, um sie noch besser zu verstehen, noch besser den Sachverhalt auszuloten. Sie wird aber auch als Abwehrform eingesetzt, um Zeit zu gewinnen. „Wie ist das jetzt gemeint?“ „Wie darf ich das verstehen?“ Auf die Frage „Können Sie Montag liefern?“ liefert die Rückfrage „Wie viel Stück denn?“ genauere Eckdaten für eine sichere Antwort durch den Anbieter. Gerade in der Bedarfsanalyse, wenn es uns um das Zusammenstellen, das bessere Verstehen und Vertiefen der Kundenwünsche geht, sind Rückfragen unverzichtbar. Sie signalisieren dem Kunden unser Interesse, zeigen ihm gleichzeitig durch das gezielte, logische Nachhaken unsere Fachkompetenz. Er erfährt und

	erlebt aktiv, wie wir unser späteres Angebot gemeinsam mit ihm vorbereiten. In einer ganz besonderen Dialogsituation, dann nämlich, wenn der Gegenüber mit Schock oder Angriffsfragen uns in die Defensive drängen oder sogar vorführen will, stellt die Gegenfrage das in der Regel einzig positiv wirksame Abwehrmittel dar. Im Dialog mit Kunden höchst selten, denn Schock- oder Angriffsfragen werden ausschließlich zum Angriff auf die Person und nicht auf die Sache eingesetzt. Sie gehören jedoch grundsätzlich zum Repertoire eines professionellen Gesprächsführers dazu, und zwar im Einsatz genauso wie in der Abwehr derselben. Sie sind Bestandteil der Dialektik.
Motivationsfragen	Diese Frageform soll die Gesprächsbereitschaft Ihres Kommunikationspartners erhöhen und zielt insbesondere auf die Beziehungsebene zwischen den beiden Sprechenden. „Was sagen Sie als Fachfrau dazu?“ „Wie fällt Ihr Expertenurteil dazu aus?“ „Was meinen Sie mit Ihrer jahrelangen Erfahrung zu diesem Sachverhalt?“ Die Motivationsfrage enthält neben dem direkt angefragten Thema immer eine Art Kompliment an den Befragten, eine Aufwertung. Sie hebt den Gesprächspartner auf ein höheres Niveau und aktiviert seine Antwort auf dieser Ebene, in genau diesem angesprochenen Kontext. Will ich die Antwort eines erfahrenen Fachmannes, so versetze ich mit der Motivationsfrage meinen Gesprächspartner in diesen

	Kontext hinein. Er ist gehalten auf das eigentliche Thema der Frage aus der angesprochenen Perspektive heraus antworten. Doch wie das so ist mit Komplimenten – sie sollten stets und ausschließlich treffsicher angewandt werden. Einen (für alle Beteiligten erkenntlichen) Anfänger als Experten zu komplimentieren führt ziemlich sicher zu einer negativen Reaktion und Abwehrhaltung, denn der so Befragte fühlt sich dann eher kritisiert veräppelt, als aufgewertet und motiviert. Motivationsfragen sollten unbedingt als echt und ehrlich empfunden werden. Gar ein Anflug feinsinniger, witzig gemeinter Ironie sollte doch eher für andere, besser geeignete Gelegenheiten aufgehoben werden. Vorsicht, dünnes Eis!
Schock- oder Angriffsfragen	Sie stellt das direkte Negativ der Motivationsfrage dar. Auch hier wird die Beziehungsebene der Gesprächspartner stark in den Vordergrund geschoben, jedoch mit dem Ziel den anderen einzuschüchtern, oft in Gegenwart Dritter vorzuführen, ihn zu verunsichern. „Ist das alles, was Ihnen was Ihnen nach zwanzig Jahren Erfahrung in diesem Gewerbe dazu einfällt?“ „Und Sie glauben wirklich, dass auch nur einer in dieser Runde Ihnen wegen Ihrer blauen Augen Glauben schenkt?“ „Denken Sie, dass Sie mit Ihrem offensichtlichen Gewichtsproblem auch nur den Hauch einer Chance bei mir als Diätberater haben?“ „Und Sie glauben tatsächlich, mit Ihrer fun-

dierten Ausbildung zur Hilfskraft hier mitreden zu können?“

Sie fühlen sich unangenehm berührt bereits beim Lesen dieser Fragen? Gut so. Denn Schock- und Angriffsfragen haben im Dialog eines Verkäufers mit dem Kunden nichts verloren. Vor allem Verkäufer sollten grundsätzlich diese Art Fragen nicht selbst gebrauchen. Lässt sich ein Kunde, was jedoch in der Realität äußerst selten vorkommt, zu dieser Frageform hinreißen, so können wir das nicht vermeiden. Als Reaktion kann abwehrend mit der direkten Gegenfrage/Konterfrage gearbeitet werden. Doch zeigt normaler Weise diese Frageform eine gestörte Beziehung zwischen den Gesprächspartnern an. Ein erfolgreicher Verkaufsabschluss ist dann in weiter Ferne. Insofern sind hier weniger rhetorische Mittel, als echte Beziehungsklärung und –verbesserung gefragt.

Schock- oder Angriffsfragen und auch deren Abwehrmöglichkeiten, das sei hier angemerkt, gehören jedoch unbedingt in das Repertoire von professionellen Verhandlungsführern, die es mit erklärten Gegnern in der Sache oder auch im Persönlichen zu tun haben. Ebenso in beruflichen und politisch geprägten Situationen (Gewerkschaft/Arbeitgeber, Politik/Parteien, Vorstand/Aufsichtsrat usw.) in denen gelegentlich doch mit etwas härteren Bandagen um die eigenen Positionen gekämpft und gestritten wird. Hier geht es den Gegnern manchmal nicht um Win-Win-Ziele, sondern um den maximalen Erfolg, sowohl in der Sache als auch im Persönlichen. Fairness wird

	zwar stets vom Anderen eingefordert, stellt jedoch nicht immer das Leitbild des eigenen Handelns dar.
Provokatorische Fragen	Diese Fragen haben das Ziel, den anderen aus der Reserve zu locken. Sie lauten beispielsweise: „Muss ich annehmen dass Sie gar nicht in der Lage sind zu liefern?“ „Gibt es keine preiswerteren Möglichkeiten, als dieses Produkt?“ „Ist das wirklich Ihr letztes Angebot?“ „Ist das, nach dieser langen Verhandlung, wirklich Ihr letzter Preis? Sie wissen doch, es steht viel auf dem Spiel…!“ „Wird die Anlage auch tatsächlich am nächsten Freitag betriebsbereit sein?“ Wir sehen schon an den Fragebeispielen: mit dieser Frageform wird öfters der Verkäufer durch den Kunden konfrontiert, als umgekehrt. Besonders der professionell ausgebildete Einkäufer nutzt diese Frageform, um festzustellen, ob die Verhandlungsinhalte bereits zu einem akzeptablen Ergebnis gediehen sind. Im Kern dieser Form steckt die notwendige Klärung der Frage darin, ob sich der Kunde auch wirklich auf die Aussage des Verkäufers oder auch auf die ausgehandelten Preis, die ausgehandelte Qualität, die zugesagte Zeit verlassen kann. Die Provokationsfrage kommt also oft gegen Ende des Verkaufsgesprächs, kurz vor der Entscheidung. Ja, sie signalisiert geradezu die Entschlussbereitschaft des Kunden. Er will sich jetzt entscheiden, aber eben auch sicher

	gehen, ob er gut und ausreichend verhandelt hat. Hier ist, beispielsweise bei der Preisfrage, eine absolut sichere, souveräne Antwort, in aller Regel ein klares „Ja.“ durch den Verkäufer angebracht. Außerordentlich wichtig ist dabei die gesamte Einkleidung der Antwort. Der Kunde will Sicherheit? Dann soll er sie auch erhalten. Machen Sie eine kurze Pause auf diese Antwort, sehen Sie dem Kunden ruhig und sicher in die Augen und antworten Sie mit einem ebenso ruhigen und sicheren „Ja.“ Bei der Frage nach dem „wirklich letzten Preis“ ist eine gute Antwortformulierung: „Ja. Und es ist ein sehr guter Preis.“ So bekräftigen Sie nochmals den verhandelten Preis positiv. Der Kunde will nicht nur die Worte hören, er will sehen und geradezu spüren, ob alles seine Richtigkeit hat. Noch ein Hinweis: Provokatorische Fragen sind keine Schock- oder Angriffsfragen. Sie stellen stets einen Sachaspekt in Frage, nicht die Person. Also ruhig und sicher antworten und auf keinen Fall in eine beleidigte oder gar verletzte Haltung wechseln.
Kontrollfragen	Diese Frage dient vor allem zur „Kontrolle“ des Gesprächsklimas (Beziehungsebene). Sie ist vor allem in der Bedarfsanalyse und bei der Darstellung und Argumentation des Angebots geeignet, festzustellen, ob Verkäufer und Kunde auf gleichem Stand im Verkaufsgespräch angekommen sind. Wer zu wenig Kontrollfragen stellt, läuft Gefahr, etwas blind durch das Gespräch zu führen, nicht zu wissen, ob der Kunde noch auf gleicher Augenhöhe bei ihm

	ist, ob langsamer oder schneller vorangegangen werden, oder sogar eine Schleife gedreht werden sollte. „Sind Sie soweit damit einverstanden?“ „Können wir diesen Punkt so festhalten?“ „Ist das o.k. für Sie?“ „Sind Sie mit der besprochenen Vorgehensweise so einverstanden?“ „Sind die Rahmenbedingungen so angenehm für Sie?“ „Haben wir an alles gedacht, gibt es noch offene Punkte?“ Kontrollfragen sollten eingesetzt werden, um Teilergebnisse bei Verkaufsverhandlungen festzuhalten, um zügig und sicher zu den nächsten Aspekten zu kommen. Manchmal zeigen die Antworten auf Kontrollfragen, dass wichtige Punkte noch nicht genügend besprochen wurden und noch mehr Aufmerksamkeit benötigen. In diesen Fällen, runter vom Tempo, vielleicht einen Schritt zurück und die offenen Punkte klären, bevor Sie versuchen dem Kunden nach der Bedarfsanalyse auf unsicherer, ungeprüfter Grundlage ein Angebot nahe zu bringen. Kontrollfragen verhindern dadurch oft spätere, sehr berechtigte Einwände durch den Kunden. Dazu noch ein wenig mehr im Kapitel Einwandbehandlung.
Konterfragen	Mit dieser Frageform, ähnlich der Rück- oder Gegenfrage, gewinnen Sie bei schwierigen Fragen Ihres Gesprächspartners Zeit und können ihre Antwortmöglichkeiten, zum Beispiel

bezogen auf den Verhandlungsspielraum inzwischen überdenken und treffsicher formulieren. Die Konterfrage wird daher in der Regel aus strategischen Gründen eingesetzt.

„Habe ich Sie gerade richtig verstanden, dass die Qualität das entscheidende Kriterium bei diesem Projekt ist?"

„Sagten Sie nicht vorhin, dass die Kostenfrage im Mittelpunkt steht und weniger die schnelle Lieferzeit?"

Kunde: „Können Sie denn am nächsten Montag sicher anliefern?" Verkäufer: „Können wir also jetzt im Gespräch die endgültig benötigte Menge festlegen?"

Konterfragen stellen ebenfalls eine sehr wirkungsvolle Möglichkeit dar, in harten Verhandlungen in geeigneter Form mit Schock- oder Angriffsfragen umzugehen. Wird die Konterfrage geschickt formuliert, so prallt ein Angriff nicht nur an Ihnen ab, er wendet sich mit gleicher Wucht gegen den Frager.

Angreifer: „Und Sie glauben tatsächlich, mit Ihrem Ausbildungshintergrund können Sie uns in dieser Sache geeignet beraten?!"

Mögliche Abwehr: „Ein wichtiger Aspekt! Der Ausbildungshintergrund ist sogar entscheidend. Welchen denn genau empfehlen Sie?"

Jetzt ist der Angreifer und nicht der Angegriffene in der Not, sich zu rechtfertigen. Oder aber er lenkt ein und erkennt, dass mit Ihnen dieses rhetorische Spiel nicht zu gewinnen ist. So ermöglichen Sie dem anderen, wenn Sie möglichst ruhig, freundlich und keinesfalls

	aggressiv antworten, auf positive Art wieder in eine angenehme Verhandlungsatmosphäre zurück zu kommen. Wenn Sie auf die obige Frage mit einer Antwort aufwarten, sind Sie in der Regel verloren. … Angegriffener (in beleidigtem, abwehrenden Ton): „Ja, das bin ich!!" Angreifer (hakt nach): „Was macht Sie so sicher, dass wir Ihnen das abnehmen?" Und schon sind sie in der Not der Rechtfertigung. Ist der Angreifer gewieft hakt er schnell mit einigen Folgefragen nach und Sie sind in einer Ecke festgenagelt, aus der nur noch schwer zu entkommen ist. Der Umgang mit Schock- oder Angriffsfragen und die Abwehr mit Gegen- /oder Konterfragen muss nicht nur lange in der Methodik trainiert werden. Er verlangt auch eine grundsätzlich sichere Haltung in unserem Inneren. Unsichere, schnell beleidigte Menschen, können zwar die Methodik üben, aber sie reagieren dann doch bei der allernächsten Gelegenheit wieder emotional, statt überlegt und rational. Und dies ist hier unbedingt gefordert. Siehe auch die Ausführung in der der Konterfrage nahen Gegenfrage.
Fangfragen	Die Fangfrage stellt den Versuch dar, Informationen auf indirektem Wege zu bekommen und Rückschlüsse zu ziehen über Sachverhalte, die gar nicht direkt zur Sprache kamen. „Wie hoch ist Ihr Beitrag zur Krankenversicherung?" (mit dem Ziel in etwa zu erfahren,

	wie viel der andere verdient) Besser: offene Informationsfragen stellen, diese kommen sehr viel sympathischer bei Ihrem Kunden an. Fangfragen werden immer wieder bei fragwürdigen Verkaufsorganisationen trainiert und ausgeübt. Meist dann, wenn es sich bei den Kunden um Konsumenten handelt. Je schwächer deren Bildungsstand, desto leichter und eher kommen Fangfragen, wie auch Suggestivfragen zum Einsatz. Hinter beiden Fragetypen steckt nicht das Interesse des Verkäufers, eine Win-Win-Situation am Ende des Verkaufsgesprächs zu erzielen. Ebenso betrachtet diese Art Verkäufer seine Kunden in der Regel nicht als gleichwertig und behandelt sie schon von daher nicht auf der Ebene gleicher Augenhöhe. Bereits im Verkauf an Konsumenten höchst fragwürdig, sind solche Haltungen und Methoden bei Business-to-Business-Geschäften unbedingt zu unterlassen. Sie schaden dem Aufbau langfristiger Kundenbeziehung und werden in aller Regel von ausgebildeten Gesprächspartnern, auf die wir im B2B-Bereich treffen, meist unmittelbar zurückgewiesen. Sie sind auf keinen Fall vertrauensfördernd und bringen Sie dem Abschluss nicht näher.
Rhetorische Fragen	Rhetorische Fragen[18] werden, methodisch betrachtet, vom Fragenden selbst beantwortet und bedürfen keiner direkten Antwort des Gefragten, des Publikums. Sie lauten beispielsweise:

[18] Rhetor (griechisch): der Redner

„Wissen Sie, was ich heute Morgen in aller Früh erlebt habe?"

„Wissen Sie, was ich mir dachte, als ich Sie gestern Nachmittag zum ersten Mal bei uns begrüßen durfte?"

Sie müssen im Gespräch in Ausdruck, Tempo und Intonation so gestellt werden, dass dem Gesprächspartner klar ist, er ist jetzt nicht gehalten das Wort zu ergreifen, sondern der Frager selbst wird die Antwort geben. Nach der Frage macht der Frager eine kurze Pause, um Spannung zu erzeugen und formuliert dann die Antwort selbst. Die Rhetorische Frage ist ein wichtiges Sprachmittel für den Verkäufer. Sie erzeugt beim Gegenüber eine gespannte Haltung. Er wird neugierig auf die Antwort und öffnet sich. Was jetzt gesagt wird (die Antwort durch den Frager selbst) dringt fast ungehindert in die Gedanken des Gesprächspartners ein. Sie sollte also selten, in einem Verkaufsgespräch nur ein einziges Mal und nur für den (hoffentlich vorher richtig ermittelten) wichtigsten Belang des Kunden angewendet werden. Die Eigenschaft ihres Angebots, die für den Kunden und seine Kaufentscheidung aus ihrer Einschätzung nach am förderlichsten ist.

„Wissen Sie, was das ganz Besondere an unserem neuen Produkt ist?"

„Wissen Sie, warum ich mich gar nicht traue, Ihnen trotz des etwas höheren Preises irgendein anderes Produkt anzubieten?"

„Wissen Sie, was mir selbst an dieser Vorge-

	hensweise am sympathischsten ist?“ Die Rhetorische Frage benötigt sicher etwas mehr Übung als andere Frageformen. Doch es lohnt sich. Es gibt keine Frageform, die, richtig angewandt, mehr Spannung erzeugt und den Gesprächspartner mehr für das für ihn entscheidende Argument öffnet. Hier ist Übung, Konzentration, Fingerspitzengefühl und immer wieder Training angesagt. Der professionelle Gebrauch der Sprache und insbesondere der Frageformen ist das Hauptwerkzeug erfolgreicher Verkäufer.

Aber wir sollten beachten: Verkäufer dürfen nicht nur Fragen stellen. Lassen Sie sich in Ihren Gesprächen mit Kunden auch Zeit für die Beantwortung! Wenn nötig und möglich, nennen Sie den Hintergrund für tiefer gehende Fragen, damit der Kunde den Lösungsweg, die Bedarfsanalyse versteht und aktiv mitgestalten kann.

Und hören Sie genau und konzentriert auf die Antwort! Fragen schaffen mehr Kontakt und besseren Kontakt. Doch Vorsicht! Man verfällt allzu leicht in eine reine Frage- und Antwortkonversation. Diese beschränkt sich im Wesentlichen auf die Phase der Bedarfsanalyse, wenn wir die Wünsche und Ziele des Kunden ausmachen. Führen Sie also am Anfang einer Lern- und Trainingsphase möglichst kein Gespräch nur nach diesem Muster, sondern teilen Sie auch Dinge mit, die Sie spontan fühlen und denken. Dadurch fördern Sie die eigene Authentizität und die Sympathie bei Ihrem Gegenüber. Vermeiden Sie ein Ausfragen des Partners und beziehen Sie auch selbst Stellung.

Wenn Sie während des Dialogs selbst bemerken, dass Sie gleich wieder eine Frage stellen wollen, sollten Sie sich über Ihre Absichten klar werden und diese unter Umständen direkt äußern, anstatt sie in einer Frage zu verbergen. Ein guter Dialog ist stets ein inhaltsreicher Gedankenaustausch in zwei Richtungen. Wenn wir eine gewisse Offenheit vom Kunden erreichen wollen oder sogar fordern, dann müssen wir in gleichem Maße zu dieser Offenheit bereit sein. Kommunikation zwischen zwei Menschen funktioniert dabei so, als wären zwischen den Dialogpartnern nicht nur eine, sondern zwei Türen dazwischen. Jeder von beiden hat die seine. Er kann sie verschlossen halten, ein wenig oder sogar weit öffnen. Die Tür mit der weitesten Öffnung hat dabei die Rolle der Vorlage. Die Tür mit der geringsten Öffnung bestimmt letztlich darüber, wie viel Inhalt durch beide Türen schließlich hindurchgelangen kann.

Stellen Sie sich einmal folgende Situation vor: Sie sprechen mit einem guten Kunden, der dem Nähetypus entspricht. Sie interessieren sich, um eine gute persönliche Wellenlänge herzustellen, für ihn und seine Person. „Wie geht es Ihnen heute?", „Was macht Ihre Familie?", „Was gibt es Neues von Ihrer Arbeit?" Der Kunde freut sich über soviel Interesse zu seiner Person und antwortet gerne auf diese Fragen. Doch auch er will etwas für die gute Wellenlänge tun. Also fragt er nach kurzer Zeit zurück, „Und *Sie*, Herr Verkäufer, wie geht es *Ihrer* Familie?" Sie haben jedoch Ihre Kommunikationstür geschlossen und antworten mit einem kühlen „Das, lieber Herr Kunde, geht Sie nichts an." Wie würde wohl das weitere Gespräch verlaufen?

Wie offen wäre der Kunde nach dieser distanzierenden Feststellung für weitere Auskünfte bei der darauf folgenden Bedarfsanalyse, in der der Verkäufer die für das spätere zielsichere Angebot notwendigen Informationen ermitteln muss? Entscheiden Sie selbst! In vielen Berufen ist es nicht so dringlich notwendig, sich offen und kommunikativ zu zeigen, um erfolgreich seine Arbeit leisten zu können. Welchen Beruf wir ausüben, das entscheidet am Ende jeder selbst und das ist gut so. Nicht jeder muss von und mit Kommunikation sein tägliches Brot verdienen. Doch im Beruf des Verkäufers, der Verkäuferin ist definitiv ein hohes Maß an (auch persönlicher) Offenheit notwendig. Diese Bedingung sollte nicht nur formal erfüllt werden. Sie sollte uns liegen und auf den Leib geschnitten sein. Wer nicht mit Freude kommuniziert, sich mit anderen Menschen befasst und andere an sich heran lässt, der tut sich schwer mit dem Verkaufen, fühlt sich unwohl dabei und zieht sich in der Folge schließlich mehr und mehr zurück.

In fünf Etappen zum Ziel

Neben der Menschenkenntnis im Allgemeinen spielt bei der angewandten Verkaufspsychologie die Methodik eine herausragende Rolle. Wollen wir in der Begegnung mit anderen Menschen die Kommunikation nutzen, um zum Ziel Verkaufsabschluss zu kommen, so brauchen wir also ein gut strukturiertes, gleichzeitig flexibles VorgehensModell, welches uns bei diesem Vorhaben optimal unterstützt.

Aus der Kommunikationslehre kennen wir einige praktikable Modelle, Gespräche zielgerichtet zu formen. So nutzen klassischer Weise Politiker, Geschäftsführer, Gewerkschaftler und andere Funktionäre immer mehr diese Erkenntnisse, um in Verhandlungen auch wirklich das Gespräch „führen" zu können und Vorteile zu erlangen. So gibt es eben nicht nur Gesprächsteilnehmer, sondern auch Verhandlungsführer. Menschen, die mit Verstand, Wissen, Training und Motivation die Verantwortung übernehmen, um im kommunikativen Prozess zu Ergebnissen zu kommen.

Ebenso sind uns Gesprächsmodelle aus beratenden Berufen und Situationen bekannt. So nutzt der Unternehmensberater genauso wie der Psychologe methodische Elemente, Beratungsziele mit seinem Gesprächspartner zu erarbeiten und, im therapeutischen Bereich, Heilung bzw. Zustandsverbesserung zu bewirken.

Welches Modell wir im jeweiligen Fall einsetzen, das hängt von mehreren Faktoren ab: Zum Einen von der vorgegebenen Rolle (Politiker, Berater, Psychologe, Verkäufer, Kunde usw.), dann von dem Verhältnis der Kommunikationspartner untereinander (Gegner, Partner usw.) und auch von der aktuellen Situation (entspannt, angespannt, verärgert, motiviert, festgefahren, offen usw.)

Im Verkauf haben wir eine recht definierte Rollenbeziehung vorliegen, wie bereits in einem früheren Kapitel diskutiert. Genau dieses transparente Verhältnis mit vorgegebenen Rollen, bei dem die Ziele des Kunden und die des Verkäufers weitgehend bestimmt, oder doch erwartbar sind, ermöglicht ein ebenso klares, wie einfaches Gesprächsmodell.

Ziel für den Kunden ist es, ein Produkt oder eine Dienstleistung zu kaufen, Ziel des Verkäufers ist es, den Verkaufsabschluss darüber zu erzielen. Die kommunikative Wegstrecke zwischen Beginn des Gesprächs, der Verkaufsverhandlungen und dem Ziel, dem Verkaufsabschluss, lässt sich sehr gut in fünf Schritte einteilen.

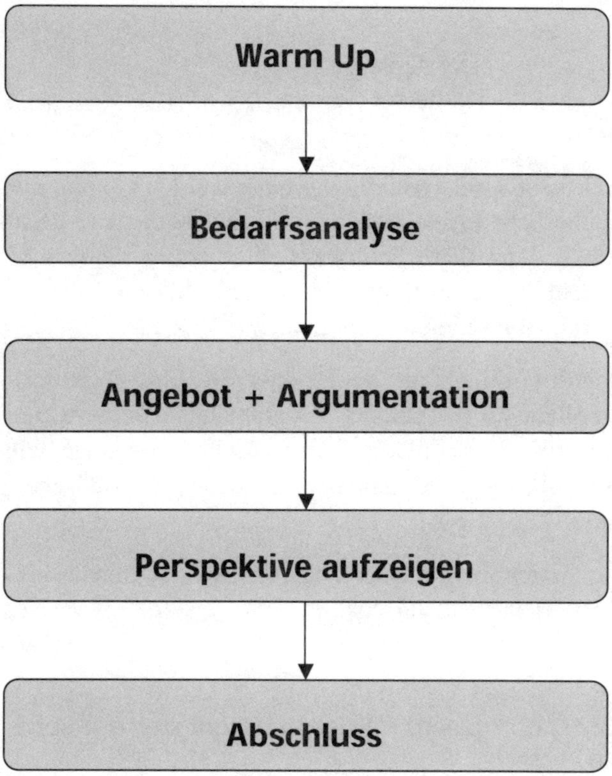

Schauen wir uns diese zunächst einzeln an, um sie danach auf Besonderheiten hin zu untersuchen.

Erste Gesprächsphase: Warm Up - So wie ich starte, liege ich im Rennen.

Die ersten Minuten eines Verkaufsgesprächs dienen der Begegnung von Käufer und Verkäufer auf menschlicher Ebene. Dabei stehen soziale Aspekte im Vordergrund. Kennen sich die Gesprächspartner noch nicht, so lernen sie sich hier erstmals persönlich kennen. Gibt es bereits eine Beziehung zwischen den Gesprächspartnern, auf die aufgebaut werden kann, so sollte das aktuelle Befinden ausgelotet werden.

Der Anfang ist
die Hälfte des Ganzen.
Aristoteles[19]

Dabei geht es nicht, wie vordergründig vermutet werden könnte, nur um Smalltalk, um höflichen Austausch von 'Belanglosigkeiten'. Gerade für den Verkäufer birgt diese Startphase einen ersten Einblick in die später meist nicht direkt ausgesprochenen, verborgenen Wünsche des Kunden und Kauf-/Entscheidungsmotive.

Gesucht und gekauft wird nicht nur ein Produkt oder eine Dienstleistung, sondern vor allem der Nutzen, der in Verbindung damit erwartet wird und meist auch die Befriedigung ganz persönlicher Belange, wie zum Beispiel Sicherheit oder Anerkennung (siehe Maslow'sche[20] Bedürfnispyramide).

In den allerersten Augenblicken einer noch frischen, startenden Begegnung zwischen Menschen entscheidet sich ganz oft, wie „der

---

[19] Aristoteles (384-322), griech. Philosoph, Begründer d. abendländ. Philosophie

[20] Abraham Harold Maslow (1908-70), amerik. Psychologe; Kurze Anmerkung zur Bedürfnispyramide: Wesentliche Grundbedürfnisse für den Menschen sind: Physiologische Grundbedürfnisse, Sicherheit, Soziales, Anerkennung, Selbstverwirklichung, und zwar in dieser Reihenfolge aufeinander aufbauend. Maslow sprach von einer Bedürfnishierarchie.

Rest“ verlaufen wird. Umso offener, aufmerksamer und unvoreingenommener sollten wir in diese Begegnungen gehen. Keine anstrengenden oder sogar negativen Gedanken aus den Minuten, den Stunden davor dürfen jetzt irritieren und stören. Je positiver (Achtung: nicht aufgedreht oder euphorisch!), offener und damit empathischer wir es schaffen, in unsere Gespräche zu gehen, desto höher unsere Erfolgsaussichten in den Folgeetappen.

Mit einer Portion Erfahrung und Gelassenheit schaffen Sie es darüber hinaus, gerade in der Eröffnungsphase ganz viele Eindrücke direkt auszuwerten. Achten Sie auf die äußeren Informationen, wie die Kleidung, das Erscheinungsbild, die Körpersprache besondere Merkmale; hören Sie der verbalen Sprache, den Worten von Anfang an sehr genau zu und stellen Sie sich auf das Sprechtempo einigermaßen ein (Achtung: ohne es zu kopieren, der Kunde könnte es als Nachäffen verstehen); übersehen und übergehen Sie nicht die Begleitung des Kunden, sofern vorhanden, und beziehen Sie diese auf eine für Ihren Hauptgesprächspartner angenehme Weise in den Verkaufsvorgang mit ein.

Vor allem für die Grundstrebungen Nähe und Distanz erhalten wir schnell und unmittelbar verlässliche Indizien. Händedruck und Haltung, sehr persönliche Ansprache oder sachliche Distanziertheit – das wird oft deutlich offeriert. Der Redefluss und die Themen, ob auf ein klares Ziel konzentriert oder sprunghaft, liefern uns erste Anhaltspunkte zur Einschätzung von Dauer oder Wechselanteilen bei der Typbestimmung. Es kommt gar nicht darauf an, eine absolut sichere Einordnung zu schaffen. Wir sind in der Rolle des Verkäufers, nicht in der des Psychoanalytikers und Wissenschaftlers. Es kommt darauf an, möglichst schnell eine gute Wellenlänge zu erreichen. Jeder spürbare Schritt zur Anpassung an den Kunden und seine individuelle Sprache hilft, ihn besser zu verstehen und einen wertvollen, inhaltreichen Gedankenaustausch mit dem Ziel eines guten Geschäfts für Beide zu ermöglichen.

Menschen, die ein verlässliches Bauchgefühl besitzen oder bis zu diesem Zeitpunkt in ihrem Leben entwickelt haben, erhalten oft schnell über diese besondere, kostenfreie Beratungseinrichtung die richtigen Impulse, um die anschließenden Gesprächsetappen souverän zu steuern. Wenn Sie sich dieser Bauchgefühle noch nicht so sicher sind, dann versuchen Sie einmal die Gespräche der nächsten Zeit jeweils nach der Durchführung bewusst zu reflektieren. Bringen Sie Gedanken, gesprochene Worte und Gefühle in Verbindung miteinander, vergleichen Sie Ihre Handlungen und deren Wirkung auf den Gesprächspartner, vergleichen sie ebenfalls die Handlungen des Kunden mit der Wirkung auf Sie selbst. So bauen Sie mit der Zeit Bauchgefühl auf und können sich zunehmend schneller und intuitiver auf Gesprächspartner erfolgreich einstellen.

Wichtigste Aufgaben:	▪ Wellenlänge herstellen ▪ Den Kunden in seinem Typ erkennen ▪ Den emotionalen Bedarf ‚erfühlen' ▪ Besonders auf die körperlichen Aspekte Nähe und Distanz achten
Besonders beachten:	▪ So wie ich starte, so liege ich im Rennen ▪ Der erste Eindruck zählt ▪ Gesellschaftliche Rituale beachten (Handshake, Verneigung usw.) ▪ Nicht überfallen, nicht mit Druck oder übermotiviert einsteigen ▪ In der Regel beendet der Kunde mit erkennbaren Signalen die erste Phase und leitet die nächste ein („Zur Sache kommen") ▪ Selbst möglichst ‚offen', vorbereitet jedoch nicht voreingenommen sein ▪ Auf positive Eingangshaltung achten

Zweite Gesprächsphase: Welchen Bedarf hat der Kunde wirklich?

Nachdem der Kunde sich gesprächs- und, das ist das Entscheidende hier, auskunftsbereit zeigt, wird der tatsächliche (= aus der sachlichen

Notwendigkeit heraus; die konkrete Leistung; das fassbare Produkt) Bedarf des Kunden ermittelt. Durch ein hohes Maß an Einfühlungsvermögen in Kombination mit professioneller Dialogführung erkundet der Verkäufer, was der Kunde durch seinen Kauf erreichen möchte, wodurch das Kaufinteresse entstanden ist, welche Ziele er damit verfolgt, eventuell auch, welche (funktionalen, technischen, sonstigen) Probleme er damit lösen möchte. Dazu kommen die, für den Kauf/Verkauf grundlegenden Informationen, wann soll wo und in welcher Stückzahl geliefert werden, welches Budget steht zur Verfügung usw. Informationen über Wettbewerbskontakte, -angebote, bisherige Erfahrungen und konkrete Preisvorstellungen runden diese Erhebungsphase ab.

Es gibt auf der ganzen Welt nur eine einzige Methode,
um andere Menschen zu beeinflussen: mit ihnen
über das zu sprechen, was sie haben möchten,
und ihnen zu zeigen, wie sie es bekommen können.

Dale Carnegie[21]

Ein Fehler, der in dieser sensiblen Phase häufig von Verkaufsanfängern gemacht wird, besteht darin, dem Kunden das eigene Unternehmen und seine Leistungen viel zu ausführlich, versiert und sogar euphorisch zu präsentieren - ohne wirklich zu wissen, was der Kunde überhaupt will und was für ihn an Informationen tatsächlich von Interesse ist. Diese doch eher ungünstige Vorgehensweise gleicht geradezu einem Blindflug durch das Verkaufsgespräch, der bei der später folgenden Abschlussphase sehr leicht zu einer schmerzhaften Bruchlandung werden kann. Der erfahrene Verkäufer achtet darauf, seinem Kunden einen hohen Gesprächsanteil zu ermöglichen, damit dieser sich gut einbringen kann, ohne jedoch, und dafür ist eine professionelle Fragetechnik erforderlich, die Dialogführung abzugeben.

In der Phase der Bedarfsanalyse zeigt sich das ganze Können eines guten Verkäufers und Verkaufsberaters. Er steuert über Fragen, ver-

---

21 Dale Carnegie (1888-1955), eigentl. Dale Carnagey, amerik. Rhetoriklehrer u. Unternehmensberater

steht es, den Inhalt zum besseren Verständnis zu vertiefen, er denkt voraus, antizipiert, vergleicht und kombiniert bis er – gemeinsam mit dem Kunden – dessen Wünsche und Ziele auf dem Tisch liegen hat. Und zwar sowohl die vordergründigen (Sachbedarf), wie die hintergründigen (emotionaler Bedarf, strategischer Bedarf). Im Zweifelsfall gilt es, auch einmal ein paar Schritte zurück zu gehen im Gespräch und sozusagen eine Schleife mit dem Kunden zu drehen. Zahlreiche Verkaufsgespräche, die nicht zum Verkaufsabschluss kommen, scheitern in der Bedarfsanalyse. Erst mit konkreten Kundenwünschen begibt er sich in die Formulierung und Argumentation eines attraktiven, präzise passenden Angebots.

Nur wenn der Kunde seinen Bedarf mangels Produktkenntnis, oder mangels Übersicht noch nicht darstellen und besprechen kann, präsentiert der Verkäufer ein Stück weit „vor" und stärkt damit Appetit und Vorstellungskraft des Kunden, damit er an das (grundsätzliche) Angebot herangeführt wird. Sobald der Kunde jedoch diese Information erhalten und begriffen hat, hilft der Verkäufer dem Kunden seinen gerade entdeckten oder etwas besser erkennbaren Bedarf zu konkretisieren.

Wichtigste Aufgaben:	▪ Den sachlichen Bedarf ermitteln ▪ Bedarf auf Vollständigkeit, Richtigkeit und Machbarkeit prüfen ▪ Solange vertiefen, bis der vom Kunden erhoffte, angestrebte Nutzen ermittelt ist
Besonders beachten:	▪ Viele Fragen stellen ▪ Die richtigen Fragen stellen ▪ Zuhören, verstehen und reflektieren ▪ Nachfragen, Verständnisfragen stellen ▪ Hoher Redeanteil des Kunden

Dritte Gesprächsphase: Das konkrete Angebot wird unterbreitet

Sind die emotionalen Wünsche und der rationale Bedarf des Kunden erkundet, so kann der Verkäufer jetzt sein (passendes) Angebot darlegen, erläutern, präsentieren und - das kennzeichnet einen offenen, fairen Dialog - argumentieren. Bei komplexeren Produkten und Dienstleistungen können in dieser Phase beratende Elemente gut eingebracht werden. Hat der Verkäufer durch seine bisherige Gesprächsführung und durch sein offenes Auftreten eine vertrauensvolle Atmosphäre erreicht, fordert der Kunde diese Beratungskompetenz geradezu ab. Formulierungen wie "Wozu würden Sie (Anm.: der Verkäufer ist damit gemeint) mir raten, was empfehlen Sie?" machen dieses Vertrauen deutlich und zeigen dem Verkäufer, dass er sich auf dem richtigen Kurs befindet. Durch Kontrollfragen wie 'Passt das so?" oder "Ist das in Ordnung für Sie?" oder "Gibt es noch offene Punkte Ihrerseits?" festigt der Verkäufer seine Argumentation auf der Gefühls- (=Entscheidungs-) ebene, lotet gleichzeitig aus, ob der Gesprächspartner seiner Argumentation folgt und bereitet die nächste Gesprächsphase vor.

Zahlreiche Einwände können in dieser Phase ganz häufig als Kaufsignale verstanden und in geeigneter Weise behandelt und genutzt werden, siehe insbesondere das Kapitel Einwandbehandlung.

Gute Verkäufer machen auch aus dieser Phase keine zu umfangreiche Show ihrer Produkte und Leistungen. Sie konzentrieren sich ganz auf die Aspekte, die dem Kunden wichtig sind und verbinden sie mit der individuellen, typgerechten Argumentation. Bei Kunden mit Dauerneigung konzentriert sich der Verkäufer auf Sicherheit, Verlässlichkeit, langlebige Qualität, bei Kunden mit Wechselanteilen im Wesen lande ich Punkte mit Innovation, Abwechslungsreichtum, Variationsmöglichkeiten, bei unseren Nähetypen wage ich persönliche Meinung und Empfehlungen und Kunden mit Distanzbestrebung lasse ich möglichst freie Wahl auf sachlich fundierter, mit Zahlen, Daten und Fakten versehener Informationsbasis und vermeide euphorische Emotionalität.

Wichtigste Aufgaben:	▪ Das Angebot formulieren und gemeinsam mit dem Kunden prüfen ▪ Auf Hindernisse und Einwände achten ▪ Hindernisse und Einwände entkräften
Besonders beachten:	▪ Falls das Angebot noch nicht passt, die zweite Gesprächsphase (in Teilen) wiederholen ▪ Gegebenenfalls Bestätigungen über die einzelnen Teile des Angebots einholen

Vierte Gesprächsphase: Zeige dem Kunden eine positive Perspektive auf!

Zur Einleitung der Kaufentscheidung geht der Käufer vor allem auf den Nutzen ein, den der Kunde mit dem Produkt oder der Dienstleistung haben wird. Dieser Nutzen ist häufig sehr individuell, eben durch die einzigartigen Wünsche und Vorstellungen des Kunden bestimmt, die der Verkäufer vor allem in den ersten beiden Gesprächsphasen ermittelt und (hoffentlich) verstanden hat. Der erfahrene Verkäufer formuliert den Nutzen nicht mit seinen eigenen Worten, sondern möglichst mit den Bezeichnungen des Kunden. Noch besser ist es, wenn er erreicht, dass der Kunde den Nutzen selbst in Worte fast. Die positive Perspektive ist es, die die Kaufentscheidung bewirkt.

Es ist doch nicht genug, eine Sache zu beweisen,
man muss die Menschen zu ihr auch noch verführen.

Friedrich Nietzsche

Der Kunde muss 'sehen', was der Kauf Gutes für ihn bewirkt. Erst dadurch wird aus einem unkonkreten Wunsch ein handlungsorientiertes Verlangen, das nach einer Erfüllung strebt.

Wichtigste Aufgaben:	▪ Dem Kunden einen echten Ausblick (Vision, Perspektive) vermitteln, was ihn Positives durch den Kauf erwartet

	▪ Den Verkaufsabschluss, die Entscheidung des Kunden bereits jetzt emotional erreichen
Besonders beachten:	▪ Eher kurz halten ▪ Gefühle vor Sachlichkeit ▪ Auf der gemeinsamen Wellenlänge agieren (Bauchebene) ▪ Die zündende Formulierung finden, am besten mit den (vorher gehörten) Worten oder dem wahrgenommenen, typgerechten Sprachstil

Dem Kunden die Perspektive für die Wirkung, die Folgen seines Kaufs aufzuzeigen liefert die direkte Vorlage für die nächste und letzte Gesprächsphase, den Abschluss.

Zwei Fallbeispiele

Im **ersten Beispiel** eine Geschichte für das Ermitteln und Aufzeigen einer Perspektive im Verkaufsgespräch (Fachhandel, Mode; Kunde: Konsument).

Eine junge Dame begibt sich in München auf den Weg, um ein Kleid zu *erwerben.* Sie sucht etwas Besonderes für sich, für eine ganz besondere Angelegenheit. Sie fährt mit der U-Bahn in die Leopoldstraße, steigt in der Station Giselastraße aus, spaziert in die Hohenzollernstraße und betrachtet sich die Auslage in verschiedenen Schaufenstern der zahlreichen Modegeschäfte dort. In einem der Geschäfte dort gefallen ihr die ausgestellten Modelle und Kleider so gut, dass sie gut gelaunt und motiviert den Laden betritt und sich dort umzusehen beginnt.

Nun nehmen wir einmal an, in diesem Modegeschäft arbeitet eine Verkäuferin, die nicht nur, wie allzu häufig anzutreffen, zum Kasse bewachen, herumstehen und langweilen angeheuert wurde, sondern eine, die richtig gut ausgebildet und kompetent ihren Aufgaben nachgeht.

Sie freut sich über den Besuch der Kundin und beobachtet, wie diese sich interessiert umsieht und an einem Ständer mit Kleidern einzelne davon abhängt um sie genauer zu betrachten.

Unaufdringlich nähert sich die Verkäuferin bietet der Kundin ihre Beratung und Hilfe an.

Verkäuferin: Grüß Gott! Möchten sie sich noch ein wenig umsehen, oder…?"!"

Kundin: Nein, bleiben Sie ruhig da, ich könnte ihre Unterstützung brauchen.

freut sich die junge Dame ihrerseits über das Angebot der Verkäuferin.

Verkäuferin: Nun, ich sehe, sie stehen bei den Kleidern. Suchen Sie etwas Spezielles?

Kundin: Ja, durchaus. Ich suche ein Kleid, ein schönes Kleid zum Tanzen gehen.

Verkäuferin Da haben wir viele schöne Teile da. Eher für eine Diskothek, einen Ball, eine Feier?

Kundin: Wie soll ich das beschreiben…?

Die Kundin macht eine kurze Pause und überlegt.

Kundin: Also, ich muss das etwas genauer erzählen – haben Sie einen Augenblick Zeit?"

Verkäuferin: Ja sicher, erzählen Sie!

fordert Sie die Verkäuferin freundlich und aufmerksam auf. Die Kundin spürt die Offenheit der Verkäuferin und fasst Vertrauen.

Kundin: Wissen sie, ich bin seit kurzem wieder solo, frisch geschieden. Mein Ex-Ehemann der war leider ein rechter Tanzmuffel. Dabei habe ich schon als junges Mädchen so gerne getanzt. Es ist einfach toll, zu schöner Musik über die Tanzfläche zu schweben! Mein Ex war aus dem Haus – das ist nun fast ein Jahr her – da habe ich diese Anzeige einer Tanzschule in der Samstagszeitung entdeckt. ‚Neue Kurse beginnen. Kurse für Anfänger, Fortgeschrittene, Paare und Singles'. Also ich, nix wie hin und siehe da, die hatten sogar einen Tangokurs. Ich wollte doch immer schon richtig Tango lernen. Der Kurs war einfach traumhaft. Nicht nur Paare dabei, sondern auch eine ganze Reihe sehr netter Singles in meinem Alter. Wir hatten sehr, sehr viel Spaß bei dem Kurs. Und am kommenden Samstag haben wir den Abschlussball im Bayerischen Hof. Mit einer Original-Argentinischen Tangoband. Genau dafür brauche ich ein tolles Kleid!

Mit dieser kurzen Beschreibung gut gerüstet durchstöbern Kundin und Verkäuferin die vorhandenen Kleider, ermitteln Größe, gewünschte Länge, Stil, wählen einige Teile zur Anprobe aus, vergleichen die Vorzüge des einen mit dem des anderen, Stoffe, Passformen, Preise und viele Blicke in den Spiegel.

So bleiben nach einer kleinen Weile zwei Kleider übrig, die nun also vor Kundin und Verkäuferin zur abschließenden Wahl auf der Theke liegen, ein rotes und ein blaues Kleid. Die Kundin ist unschlüssig, beide Kleider gefallen ihr sehr. Doch für welches soll sie sich entscheiden? Sie bittet die Verkäuferin um ihre Meinung.

Verkäuferin: Beide Kleider stehen ihnen ausgesprochen gut. Welches auch immer sie wählen – sie werden bezaubernd darin aussehen."

bestärkt die Verkäuferin die Kundin in der Auswahl der beiden vorliegenden Kleider.

Kundin: Aber ich kann doch leider nur eines anziehen. Welches würden SIE nehmen?“

Die Kundin beharrt darauf, die persönliche Meinung der Verkäuferin zu erfahren. Diese schaut sie an, schaut die Kleider an, blickt wieder zur Kundin.

Verkäuferin: Ich glaube, an Ihrer Stelle würde ich das rote Kleid wählen.

Die Kundin möchte natürlich wissen, warum.

Verkäuferin: Wissen Sie, als Sie vorhin die Kleider nacheinander anprobierten. Als Sie das rote Kleid trugen und sich dabei im Spiegel betrachteten, da dachte ich für mich: Also wenn sich die Kundin für das rote Kleid entscheiden würde, dann wird sie wohl ihre Füße am Morgen nach dem Ball vor lauter Tanzen nicht mehr spüren…“

Die junge Dame strahlt begeistert über das ganze Gesicht ob der Aussicht, legt ihre Kreditkarte auf die Theke, lässt sich das Kleid einpacken und verlässt höchst beigeistert über Ihren Einkauf das Geschäft. Jetzt freut sie sich umso mehr auf den Abschlussball!

Soweit unsere kleine Geschichte und zurück zur Rolle des Beobachters und Verkäufers und einigen spannenden Fragen, über die ich Sie bitte nachzudenken.

- Die Verkäuferin war sehr einfühlsam mit der Kundin. Zuviel oder richtig dimensioniert?
- In welcher Weise hat sie sich für die Wünsche der jungen Dame interessiert und in eine Ve rkaufsberatung umsetzen können?
- Welche positive Perspektive hat die Verkäuferin der Kundin mit dem Erwerb des letztendlich ausgewählten Kleides in Aussicht gestellt?

- Konnte sie mit ihrer Schlussbemerkung (Formulierung der Perspektive) eine konkrete Perspektive in sichtbaren Bildern in die gedankliche Vorstellung der Kundin gezaubert?
- Was genau hat die Kundin erworben? War es nur ein Stück Stoff in passender Qualität?
- Warum hat sie es erworben, welchen Nutzen, welchen Mehrwert erhofft sie damit zu erhalten?
- Wie hat die Verkäuferin die Interessen der Kundin und die eigenen (Unternehmens-) Ziele in Einklang gebracht?

Vergleichen Sie die Verkaufssituation und das Verhalten der Verkäuferin mit Ihrer eigenen Vorgehensweise bei der Hinführung eines Kunden zur Kaufentscheidung.

Im unserem **zweiten Fall** ein Beispiel für das Aufzeigen einer Perspektive in einer Verkaufspräsentation (Energietechnik/Energieversorgung; Potenzieller Kunde: Behörde/Landkreis mit unterentwickelter Infrastruktur, Politiker, Verkäufer/Verkaufsberater: Ingenieure).

Mehrere Unternehmen bewerben sich um den Bau eines Energiekraftwerks für eine Region in einem Entwicklungsland, in dem es bisher nur kleinere, dieselbetriebene Stromerzeuger gab. Eine Region mit hoher Arbeitslosigkeit, wenig Infrastruktur und all den Auswirkungen mangelnder wirtschaftlicher Entwicklung.

Wir befinden uns mitten im abschließenden Treffen mit dem potenziellen Auftraggebern, den Vertretern einer Behörde, vor der endgültigen Entscheidung und Auftragsvergabe.

Zwei unterschiedliche Versionen bei der Vorgehensweise:

Verkäufer/ Version 1: Sehr geehrte Damen und Herren, unsere Technologie ist nachweislich die beste und sicherste weltweit. Wir verfügen über langjährige Erfahrungen auf diesem Gebiet, unsere Zuverlässigkeit ist sprichwörtlich. Im vorgelegten Kraftwerkskonzept verwenden wir Technologie ‚State-of-the-Art' mit sehr hohem Wirkungsgrad bei der Nutzung der Verbrauchsstoffe, allerneuester Wärmeenergierückführung und geringer Schadstoffemission…

Eine ganze Reihe von technologischen Aspekten mit deren Vorteilen wird nun präsentiert.

Verkäufer/ Version 1: Unser Angebot ist mit Sicherheit das Beste! Sie schaffen mit uns einen gewaltigen Sprung vorwärts in die infrastrukturelle Neuzeit.

beschließt er das Resümee und erwartet eine positive Entscheidung durch die (politischen) Vertreter der Region, welche die Verhandlungsführung und politische Projektleitung auf Investorseite innehatten.

Sehen wir uns eine zweite Vorgehensweise und Präsentation alternativ zu der ersten an:

Verkäufer/ Version 2: Sehr geehrte Damen und Herren, nach spannenden Monaten der Bestandsaufnahme und Vorplanung dürfen wir Ihnen heute ein entscheidungsfähiges Konzept vorlegen. Dank intensivem Gedankenaustausch und guter Zusammenarbeit beinhaltet dieses Konzept zur Energiegewinnung all das, was unbedingt einen optimistischen Blick in die Zukunft dieser Region erlaubt.

Lassen Sie uns gemeinsam dieses Energieprojekt verwirklichen! Uns erwartet ein Landkreis mit moderner Infrastruktur, in dem die Menschen Arbeit finden werden, weil endlich die Energie zum Aufbau und Betreiben moderner wirtschaftlicher Unternehmungen vorhanden ist. Familien, die Lohn und Brot verdienen und am Wochenende gemeinsam die Früchte ihrer Tage Arbeit genießen können. Endlich wird es elektrisch betriebenes Licht ohne Ausfallzeiten geben, unverdorbene Lebensmittel aus Kühlschränken und moderne Haushalte zu günstigen Kosten. Kein stundenlanges Waschen mehr mit der Hand, sondern mehr freie Zeit, denn es gibt Strom und Wasserversorgung für den Betrieb moderner Waschmaschinen. Hell erleuchtete Straßen, die auch abends einen sicheren Ausgang ermöglichen. Dies alles mit zuverlässiger zugleich modernster Technologie auf Basis eines gut finanzierbaren Zahlungsplans.

Ich freue mich darauf, gemeinsam mit Ihnen den Menschen Ihrer Region eine leuchtendhelle Lebensperspektive zu ermöglichen. Lassen Sie uns hier und heute gemeinsam den Grundstein dafür legen. Vielen Dank.

Kommen wir zur Betrachtung der beiden sehr unterschiedlichen Vorgehendweisen und Formulierungen erneut mit einigen prüfenden Fragen.

- Welcher gedankliche Ansatz sagt ihnen persönlich mehr zu?
- Wo sehen Sie mögliche Vor- und Nachteile dabei?
- Was glauben Sie, mit welcher Version der mit dem Projekt beauftragte Ingenieur eher die für das eigene Angebot positive Entscheidung erhalten?
- In welcher Darstellung erhalten die potenziellen Kunden am ehesten einen Blick auf die Perspektive ihrer Kaufentscheidung und wie konkret sieht diese aus?

Vergleichen Sie erneut die Verkaufssituation und das Verhalten der Protagonisten mit Ihrer eigenen Vorgehensweise bei der Hinführung Ihrer Kunden zur Kaufentscheidung.

Fünfte Gesprächsphase: Jetzt entscheidet sich der Kunde zum Kauf

Die letzte, wichtigste und zugleich kürzeste Etappe des Verkaufsgesprächs ist das "JA" des Kunden zum Angebot, der, im Sinne des Gesetzes eigentliche Kauf. In dieser abschließenden Phase wird die Haltung des Verkäufers durch eine unspektakuläre Dominanz bestimmt. Formulierungen wie "Dann machen wir das wie besprochen." oder "Die Ware wird wie gewünscht Anfang der nächsten Woche geliefert." oder schlicht und einfach "Bitte hier unterschreiben!" leiten nicht etwa den Kauf ein, sondern bestätigen, manifestieren lediglich die unmittelbar zuvor gefällte emotionale Entscheidung des Gesprächspartners.

Doch auch in diesen letzten Augenblicken des Verkaufsgesprächs lauern Stolperfallen. Wer jetzt gerade bemerkt, dass er das eine oder andere tolle Argument vorhin vergessen hat und jetzt guter Dinge 'nachkartet", dem gleitet die Entscheidung und damit das Gespräch allzu leichtsinnig wieder aus den Händen. Kein nachgeholter Warm Up, keine erneute Argumentation, keine Nach-Präsentation zählt hier: Hat der Kunde seinen Entschluss gefasst, dem Angebot zugestimmt und seinen Auftrag erteilt, dann besteht die Aufgabe des Verkäufers (nur noch) darin, diesem Entschluss die entsprechenden Taten (Produkt anliefern lassen, Projekt einleiten usw.) folgen zu lassen.

Wichtigste Aufgaben:	▪ Den Verkaufsabschluss machen ▪ Den Kunden in seiner Entscheidung bestärken ▪ Verbindlichkeit erzielen ▪ Entscheidung herbeiführen
Besonders beachten:	▪ Von einer bisher eher empathischen Haltung nun in ein angemessenes Dominanzverhalten kommen ▪ Nicht nachkarten, Overselling vermeiden ▪ Jetzt nicht zuviel Begeisterung über den geglückten Abschluss zeigen, sondern eher eine bestätigende Haltung einnehmen

8. Einwandbehandlung

Einwände werden von vielen Verkäufern (und Verkaufsberatern) als störend und am Abschlusserfolg hinderlich empfunden. Leider! Denn die meisten Einwände stellen kein wirkliches Kaufhindernis dar, sondern sind im Gegenteil oft Kaufsignale, eine Art etwas versteckte Nachricht an den Verkäufer, dem Kunden bei der Entscheidung unter die Arme zu greifen.

Doch die Erkenntnis nützt wenig, wenn wir keine passende Methodik besitzen, in geeigneter Form mit Einwänden umzugehen.

Methodisch richtiges Vorgehen

Mit der nachfolgenden Vorgehensweise erhalten Sie eine Methodik an die Hand, vor Einwänden in Zukunft nicht zurückzuschrecken, sondern sie in vielen Fällen für Ihren Verkaufserfolg und eine gute, konstruktive Kundenbeziehung zu nutzen.

(1) **Die richtige Einstellung**
Der erste Schritt einer funktionierenden Einwandbehandlung betrifft Ihre eigene Haltung dazu. Legen Sie Ihre Scheu oder sogar Angst vor Einwänden ab, begreifen Sie die Chance, mit dem Kunden über die Aspekte zu reden, die ihn, bezogen auf den anstehenden Kauf, wirklich interessieren. Es sind Dinge, die noch zwischen Ihnen und dem Abschluss liegen und die Sie nun gemeinsam aus dem Weg räumen können. Hier ist jetzt Offenheit, Einfühlungsvermögen und häufig auch Fachkompetenz gefragt.

(2) **Erkennen und Identifizieren**
Selten wird ein Kunde mit den Worten beginnen „Achtung, lieber Verkäufer, jetzt kommt ein Einwand….“ Meist tauchen Einwände in Form von Fragen z.B. *(1) „Ob ich das Produkt auch noch in fünf Jahren einsetzen kann...?“* oder in Form von Feststellungen z.B. *(2) „Mit dem letzten Produkt hatte ich jede Menge Ärger!!“* aber auch z.B. *(3) „Ich würde ja gerne bestellen, aber unseren Bedarf für das nächste Quartal habe ich bereits bei einem anderen Anbieter gedeckt.“* oder z.B. *(4) „Ihre Konkurrenz ist billiger!“*

In allen vier Fällen liegt ein Einwand vor, alle sind berechtigt, wie würden SIE also damit umgehen?

(3) Kaufsignal oder echtes Hindernis?
Drei dieser Einwände stellen Kaufsignale dar. Im ersten Fall steckt die Frage dahinter, wie lange der Kunde das Produkt nutzen kann und wie wir, als Anbieter, ihm dabei helfen können. Hier geht es z.B. um Service, Wartung, Ersatzteile usw., Eine sehr gute Gelegenheit, Ihre Kompetenz in diesen Dingen darzulegen und im Gespräch dem Kunden zu vermitteln.

Im zweiten Fall darf sich der Kunde ja zu Recht wiederum fragen, ob er mit dem neuen Produkt ähnlichen Ärger erwarten darf. Eine sehr gute Gelegenheit, mit ihm über Neuerungen und die Weiterentwicklung, die höhere Qualität usw. des Produktes (oder andere Aspekte, die den Ärger verursacht haben) zu sprechen. Vielleicht hatte er ja auch Ärger, den er beim letzten Mal bei niemandem losgeworden ist, vielleicht hat sich ja niemand verantwortlich gefühlt und niemand hat sich für den Ärger entschuldigt, der ihm wohl offensichtlich bereitet wurde. Und dann wird es jetzt endlich Zeit, das Vertrauen des Kunden zu gewinnen. Eine Beschwerde, auch eine „versteckte“ bietet stets die Gelegenheit, das Vertrauen des Kunden (zurück) zu gewinnen.

Der dritte Einwand stellt ein echtes Hindernis dar, jetzt und sofort einen Auftrag (für das nächste Quartal) mitzunehmen. Das muss schnell und klar erkannt werden. Aber – wie steht's mit den Folgebedarfen? Wir haben jetzt eine gute Gelegenheit, all die Informationen zu sammeln, um uns mit einem besseren, individuelleren Angebot für die danach kommenden Projekte zu empfehlen. Wichtige Informationen sind beispielsweise: Welche Wettbewerber sind im Spiel? Wer hat das Rennen für das aktuelle Projekt gemacht und warum? Wann finden die Entscheidungen für die Folgeprojekte statt? Was müssen wir tun, um die Folgeprojekte für uns zu gewinnen? usw.

Der vierte Einwand bietet die passende Gelegenheit, Preis und Leistung argumentativ miteinander zu verknüpfen. Die Frage/der Einwand zum Preis ist fast stets als Kaufsignal zu verstehen. Der Kunde würde ja kaufen, wenn… eben der Preis stimmt. Und „stimmt" bedeutet, dass das Produkt seinen Preis wert ist. Preiswert bedeutet nicht billig, sondern unter dem Strich, dass der Kunde die für ihn wirklich passende Leistung/Produkt zu einem für ihn akzeptablen Preis erhält. Beispiel: Bei Investitionsgütern und vielen anderen Leistungen geht es fast immer um die Aspekte Total-Cost-of-Ownership (TCO). Dahinter steckt die Frage, was kostet mich die Gesamtinvestition: Kaufpreis <u>plus</u> Folgekosten, Service, Erhaltung usw. Erneut ein sehr guter Zeitpunkt auf diese Dinge einzugehen und den Kunden für unser Angebot zu gewinnen.

(4) **Die passenden Formulierungen, das Gefühl teilen**

Haben Sie einen Einwand erkannt, gilt es, ihn nicht nur mental (durch eine offene, interessierte Haltung) entgegenzunehmen, sondern auch verbal, d.h. mit passenden Worten. Vermeiden Sie in jedem Falle negative Worte/Reaktionen, wie z.B. „Nein!", „Das stimmt so nicht." „Das ist bei anderen Kunden nicht der Fall."

Statt auf Gegenkurs zum Kunden zu gehen, teilen wir sein Gefühl, was den Einwand betrifft. Hilfreiche Formulierungen, aus denen der Kunde sowohl Ihre Offenheit als auch die Bereitschaft erkennt, sich mit dem Einwand auseinanderzusetzen, sind beispielsweise:

“Gut, dass Sie diesen Punkt erwähnen….“
“Ja, das ist wichtig. Ich kann Sie in diesem Punkt gut verstehen. Es gibt mir Gelegenheit, über….zu sprechen.“
“Wenn ich das richtig verstehe, ist der Preis bei diesem Geschäft besonders wichtig. Das sehe ich genauso.“
“Stimmt haargenau! Der Service (die Qualität, Zuverlässigkeit…) ist ein besonders sensibler Punkt bei diesem Projekt. Das wäre mir an Ihrer Stelle genauso wichtig. Also lassen Sie uns darüber sprechen…“

Darauf wird der Kunde in der Regel mit Zustimmung antworten und dem Gefühl, dass Sie seinen Einwand erst nehmen und nach einer Lösung suchen. Kommen wir mit diesem Gefühl zum nächsten Schritt der Einwandsbehandlung, nämlich der….

(5) Umwandlung/Umdeutung

In diesem Schritt gehen wir konstruktiv und vor allem positiv mit dem Einwand um. Im Prinzip wird der Einwand dazu verwendet, genau in dem benannten Punkt auf die gewinnenden, nützlichen Aspekte einzugehen. Wir stehen sozusagen in unserem Verkaufsgespräch an einer Kreuzung, der Kunde bietet uns zwei Alternativen an. Eine der Alternativen (Einwand = Kritik: ich muss mich verteidigen) führt in eine Gesprächssackgasse, in der wir nichts gewinnen können. Der andere Weg (Einwand = Einladung zum positiven Argumentieren) führt zum Vertrauen und zur Zustimmung des Kunden. Diese Richtung schlagen wir stattdessen ein und gelangen ohne weitere Verzögerung bei Nutzenargumenten **für** unser Angebot und vor allem **für** den Kunden.

(6) Übergang zum weiteren Gespräch

Am Ende der Einwandbehandlung (Entkräftung, Umwandlung) sollten wir dem Kunden noch das Gefühl geben, dass es gut von ihm war, diese Punkte (seine Einwände) anzusprechen bevor wir zu den nächsten Etappen im Gespräch übergehen.

Formulierungsbeispiel 1: Verkaufsgespräch mit Herrn Schmitt, dem Pflegedienstleiter eines Kreiskrankenhauses. Herr Schmitt gibt sich in seinem Verhalten und Erscheinungsbild stets persönlich und ist von Beständigkeit geprägt.

Kunde: Habe ich das richtig erkannt: Die Handhabung des Geräts hat sich doch ziemlich geändert?

Verkäufer: Besten Dank, dass Sie mich auf diesen wichtigen Punkt aufmerksam machen. Werden Sie selbst das Gerät bedienen oder eher die Mitarbeiter der Station?

Kunde: Fast ausschließlich die Mitarbeiter der Station.

Verkäufer: Nun, dann werden sich Ihre Mitarbeiter freuen, Herr Schmitt, denn die Bedienung des Geräts ist noch einfacher geworden. Eine grafische und schriftliche Hilfe auf dem Monitor des Geräts leitet in jeder Situation an, was zu tun ist, damit sich die Pfleger und Krankenschwestern noch mehr auf den Patienten konzentrieren können. Gibt es ausschließlich Stammpersonal in Ihrem Team oder auch neue Mitarbeiter?

Kunde: Es ist ganz schön schwierig, gute Leute auf dem heimischen Arbeitsmarkt zu finden, da schauen wir uns auch schon mal in den Nachbarländern um. Einige neue Kolleginnen und Kollegen, sehr nette übrigens, das sei angemerkt, kommen aus Polen und Rumänien. Da sind manche Abläufe in unserer Pflegearbeit passend darauf abzustimmen.

Verkäufer: Dann freue ich mich umso mehr, dass unsere Entwickler sich bei der Ergonomie und der Bedienung besonders Mühe gegeben haben. So haben es alle Beteiligten leichter. Die Hilfetexte sind in mehreren Sprachen abrufbar und auch die Schulung am Gerät führen wir auf Wunsch in mehreren Sprachen für Sie durch, das hatte ich ebenfalls noch gar nicht erwähnt.

Der vorliegende Ausschnitt aus einem Verkaufsgespräch zeigt, wie geschickt der Verkäufer den Einwand des Kunden als Chance begreift, einfühlsam und offen auf ihn eingeht, um die Vorteile seines

Produkts und seiner Dienstleistungen geschickt und flüssig ins Spiel zu bringen. Jede Antwort oder sogar Zurückweisung wie „Nein, das stimmt nicht, die Bedienung ist doch ganz einfach!“ hätte Herr Schmitt als Zurückweisung empfunden und einen Schlagabtausch eingeleitet über die Frage, wer Recht hat und wer nicht. Ob der Verkäufer da wohl Sympathiepunkte beim Kunden gesammelt hätte?

Formulierungsbeispiel 2: Verkaufsgespräch mit Herrn Löffler, dem Werkstattleiter eines Kfz-Betriebes. Herr Löffler entspricht dem Typ *Der Beständige*, besitzt also eine Dauer-Grundstrebung, Sicherheit und Zuverlässigkeit sind für ihn das A und O eines guten Geschäfts.

Kunde: Der Preis des Geräts ist aber ganz schön hoch!

Verkäufer: Da stimme ich Ihnen zu, Herr Löffler. Das ist das Gerät mit dem höchsten Verkaufspreis in unserem Sortiment.

Kunde: Und das geben Sie einfach so zu…?

Verkäufer Selbstverständlich können wir uns auch auf ein einfacheres Gerät zu einem niedrigeren Preis konzentrieren. Aber, wenn ich das ganz persönlich anmerken darf, Herr Löffler: Bei dem intensiven Einsatz in Ihrer Werkstatt und der Fahrzeugvielfalt, die mit dem Gerät ausgemessen werden sollen, da empfehle ich klar das Topgerät aus der Serie. Der höhere Anschaffungspreis wird sich in jedem Falle rechnen – leichter einzustellen, schnellere Durchführung der Messungen, zufriedenere Kunden – eine absolut gute und sichere Wahl.

Kunde: Ich glaube, da kann jetzt ich Ihnen zustimmen. Ich nehme das Topgerät. Und danke nochmals für die persönliche Empfehlung.

Der Verkäufer in diesem Beispiel hat den Mut, den Einwand des Kunden zum hohen Preis gar nicht erst zurückzuweisen, sondern im Gegenteil sogar zu bekräftigen. Er benutzt dies, um damit eine ganz persönliche Empfehlung zum Kauf anzusprechen, geht mitten in die Entscheidung hinein. Der Kunde darf durchaus erwarten, dass ein Verkäufer über die Beratung, über die Empfehlung ein Stück Verantwortung bei der Kaufentscheidung des Kunden übernimmt. Nicht die neutrale Position ist bei diesem Spiel seine Aufgabe, sondern die klare, positive Argumentation der Eigenschaften und Vorzüge des eigenen Angebotes. Aufgrund seines Typs wünscht sich der Kunde die persönliche Meinung des Verkäufers und bedarf ferner Argumente, die auf Sicherheit zielen.

Darf ich als Verkäufer an dieser Stelle quasi *voreingenommen* fühlen, denken, wirken und handeln? Ja, Sie dürfen und sollten! Es gehört zu den von allen Beteiligten zugedachten Aufgaben im Rollenspiel mit dem Kunden.

Formulierungsbeispiel 3: Verkaufsgespräch mit Frau Montan, die das Controlling eines Maschinenbauherstellers leitet. Sie gehört in den Grundstrebungen zur Ausrichtung Dauer/Distanz, also zur Gruppe der *Berechenbaren* mit dem Bedürfnis nach Sicherheit und Distanz gleichermaßen.

Kundin: Wenn ich das hier richtig lese, liegen die Anschaffungskosten der angebotenen Steuerungselemente zwanzig Prozent über denen des Wettbewerbs?!

Verkäufer: Die Frage des Geldes ist angesichts des Kostendrucks in der Tat ein, vielleicht sogar der entscheidende Aspekt bei der Investitionsentscheidung in diesem Projekt.

Kundin: Richtig!

Verkäufer: Die neue Generation dieser Steuerelemente zeigt im täglichen Einsatz, das haben die Referenzprojekte belegt, einen sehr positiven Einfluss auf den Produktionsprozess – spannend?

Kundin: Aber sicher, lassen Sie hören!

Verkäufer: Gerade beim Anfahren der Maschinen, das geschieht mehrmals am Tage, wird fast ein Drittel des Gesamtenergiebedarfs verbraucht. Mit den neuen Steuerelementen passiert dieser Anlaufprozess sehr viel leichter und dieser Verbrauch wurde erheblich, genauer gesagt um vierzig Prozent gesenkt. Interessiert Sie eine Übersicht zum Total Cost of Ownership?

Verkäufer: Hier die Auswertung in einem produktionstechnisch ähnlich gelagerten Projekt in konkreten Werten: Hochgerechnet auf die vorgesehene Einsatzdauer von fünf Jahren erreichen diese Steuerelemente eine Energieersparnis, die die Mehrkosten, wie zu sehen ist, beim Anschaffungspreis deutlich übersteigen. In Zahlenwerten ausgedrückt…

Gut, wie der Verkäufer hier die berechtigten Bedenken der Controllerin aufnimmt, für richtig und bedeutsam empfindet, mit ihr teilt, um danach seine Argumentation für die eigenen Produkte auf kaufmännischen Feld wieder aufzunehmen. Dies, ohne der Kundin in zu persönlichen Worten quasi auf den Leib zu rücken, sondern betont sachlich mit Zahlen, Daten und Fakten. Wichtig wäre dann noch, im Anschluss an die Argumentation nicht zu sehr auf eine Entscheidung „zu drücken", sondern ganz bewusst der Kundin die Wahl auf sachlicher Basis und in Wahrung der Distanz zu überlassen. Um so eher wird sie das Angebot dieses Verkäufers in Betracht ziehen und nicht die Offerte des vielleicht zu herzlichen, zu bemühten Wettbewerbers.

Erwartete Einwände und Entkräftungsargumente

In anderen Fällen können wir uns auf Einwände, besonders dann, wenn wir Sie bereits erwarten, mit Hilfe einer kleinen Tabelle vorbereiten. Am besten Sie überlegen (auch gemeinsam im Team), welche typischen, vorhersehbaren Einwände kommen werden und welche entkräftenden, positiven Argumente existieren.

Stellen Sie diese in einer kleinen Tabelle gegenüber und Sie sind so bestens gewappnet für Ihre Gespräche.

Die nachfolgende Aufstellung zeigt Antwortbeispiele zu einer fiktiven Situation aus. Die Entkräftungsargumente sind für Ihr eigenes Produkt, für Ihre konkrete Situation vor Ort neu zu entwickeln. Idealer Weise, sofern Mitstreiter verfügbar, tun Sie dies in einer kreativen Sitzung in der Arbeitsgruppe.

Beispiel

Erwartete Einwände des Kunden	**Entkräftende Argumente/Themen**
„Der Kaufpreis scheint mir zu hoch!“	✓ Niedrige Folgekosten ✓ Total Cost of Ownership ✓ bestehende Qualität
„Ich würde ja, aber ich habe momentan nicht soviel Geld übrig….“	✓ Finanzierungsmöglichkeiten aufzeigen ✓ Leasing vermitteln
„Das Gerät ist gegenüber dem Vorgänger aber schwerer geworden!“	✓ Standfestigkeit erhöht ✓ Weniger Vibrationen, mehr Komfort und Sicherheit

„Die Maschine ist aber kleiner geworden!“	✓ Höhere Mobilität ✓ Leichter zerlegbar ✓ Kleinere Standfläche notwendig
„Die Bedienung ist ja ganz anders als früher!“	✓ Bedienung leichter gemacht ✓ Komfort und Ergonomie ✓ Noch übersichtlicher als zuvor
„Die alte Maschine hält bestimmt noch etwas länger!“	✓ Abschreibungsmöglichkeiten aufzeigen ✓ Steuerersparnis durch AfA ✓ Bilanzwertsteigerung/ Unternehmenswertsteigerung ✓ Modernisierung, Rationalisierungspotenzial aufzeigen ✓ Imagegewinn der Werkstatt

9. Von Überzeugung und Manipulation

Wer sich mit Verkaufspsychologie (und mit Psychologie überhaupt) beschäftigt, diese erlernt, trainiert und anwendet, merkt recht schnell, dass er damit seine ganz persönliche Wirkung auf andere deutlich verändern kann. Zu wirken, das bedeutet Einfluss auszuüben, Einfluss auf das Denken und Fühlen anderer Menschen. Es löst Handeln aus, verhindert es in anderen Fällen, stößt Veränderungen an und gestaltet auf diese Weise die Wirklichkeit, das Leben von sich und anderen.

Doch geht auch der psychologisch gut ausgebildete Mensch unweigerlich ein paar Risiken damit ein. Vor allem das Risiko, andere, insbesondere in kommunikativen Angelegenheiten weniger qualifizierte Mitmenschen mehr zu beeinflussen, als sich diese das wünschen, oder dies tatsächlich gut für sie ist. Schnell kann ein Gefälle zwischen professionell trainiertem Kommunikationspartner und seinem Gegenüber eintreten. Während beim Sport ein austrainierter Läufer die abgesteckte Strecke einfach schneller bewältigt und damit seinem langsameren Mitläufer vielleicht sogar einen Trainingsanreiz liefert, sind wir hier doch mit sehr viel sensibleren innermenschlichen Angelegenheiten befasst. Auch ein ordentlicher Muskelkater ist nach wenigen Tagen wieder verschwunden. Bewusste wie auch unbewusste Eingriffe in die Psyche andere Menschen können jedoch tiefere, langfristigere Spuren hinterlassen. Wer ein Messer in die Hand nimmt, sollte nicht nur damit schneiden lernen, sondern auch den für sich und andere sicheren Umgang damit. Es gilt der Grundsatz: Je schärfer die Schneide, desto mehr Vorsicht beim Gebrauch ist geboten.

Darf ein Verkäufer andere von seinen Angeboten überzeugen? Eindeutig: ja! Das ist ganz klar sein beruflicher Auftrag, sein Lebensinhalt, seine Daseinsberechtigung.

Doch wo liegt die Grenze von Überzeugungskraft und Manipulation?

Vielleicht kennen Sie noch die alte Binsenweisheit für den Verkauf „Ein guter Verkäufer verkauft viel. Ein sehr guter auch Kühlschränke am Nordpol.“ Lassen wir uns die Botschaft dieser so genannten Weisheit doch einmal auf der Zunge zergehen. Mir schmeckt er nicht besonders - und Ihnen? Das würde doch in der Konsequenz bedeuten, ein Verkäufer wäre genau dann besonders gut, wenn er Kunden Dinge verkauft, oder vielleicht bezeichnender ausgedrückt: andreht, die sie weder benötigen noch wirklich wollen. Einfach auf Grund des besseren kommunikativen Vermögens und der Anwendung psychologischer Tricks. Das kann für dauerhaft gute Kundenbeziehungen nicht gut sein. Hier profitiert ausschließlich der Verkäufer, der Kunde ist der Gelackmeierte. Spätestens kurze Zeit nach einem solchen Fehlkauf bemerkt auch der einfachste Kunde diesen Umstand und wird kaum wieder von sich aus dort kaufen oder den Anbieter gar weiter empfehlen.

Ein überzeugender Verkäufer schöpft seine Möglichkeiten genau dann voll aus, wenn er sie nutzt, um herauszufinden, was genau der Kunde möchte und für seine Absichten benötigt, um ihm dann das bestmögliche, für beide Seiten faire Angebot zu unterbreiteten und dann bei der Kaufentscheidung hilft. Schließlich muss sich der Kunde von etwas, was ihm lieb und teuer ist trennen, seinem Geld.

Wird eine Win-Win-Situation erreicht, bei dem Kunde und Verkäufer jeweils einen spürbaren Gewinn für sich erwirtschaften (der Kunde erreicht eine gute Leistung zu guten Konditionen, der Verkäufer macht eine marktorientiert gute Marge dabei), dann haben wir die Überzeugungsfähigkeit und Verkaufsexpertise wirklich optimal genutzt. Gerade im Handel mit Konsumenten nutzt der Verkäufer seine Professionalität, sein Training und (oft besseres) Wissen, um mit dem

Kunden den Vorgang Kauf/Verkauf bestmöglich für beide Partner zu gestalten.

Im Idealfall treffen sogar gleichwertige Partner aufeinander, die auf etwa derselben Ausbildungsebene miteinander verhandeln. Häufig ist dies im Business-to-Business-Bereich der Fall, bei Begegnungen zwischen professionellem Einkäufer und ebenso professionellem Verkäufer. Im Konsumentenbereich übernimmt der *gut eingestellte, ethisch bewusst handelnde* Verkäufer zusätzlich für beide die Aufgabe der Fairnesswahrung, da er eben häufig kommunikativ und psychologisch besser ausgebildet ist.

So bedeutet dies, bei allem Training, aller Ausbildung – gerade psychologischer Natur – auch die Pflicht zur Entwicklung einer durch positive Werte bestimmten Haltung, die Fairness der Partner untereinander genauso hoch ansiedelt wie das absolut berechtigte Gewinnstreben.

Der Kunde will kaufen, der Verkäufer soll verkaufen. Dazu braucht gerade der Verkäufer eine funktionierende Ausbildung. Und ein Gefühl für seine Möglichkeiten und auch für die Grenzen bei der Anwendung seines Könnens.

Was empfehlenswerte Methoden und psychologisches Fachwissen betrifft, so vertrete ich ganz persönlich die Meinung, dass hochpotente Methoden wie NLP[22], die ursprünglich für therapeutische, später auch für didaktische Aufgaben (Bearbeitung störender Verhaltens- und Kommunikationsmuster usw.) entwickelt wurden, nicht unbedingt im Werkzeugkasten von Verkäufern landen müssen. Nun, eine

---

[22] Neuro-Linguistische Programmierung (kurz NLP) ist eine Anfang der 1970er Jahre in Kalifornien entstandene psychologische Richtung. Sie wurde von den Psychologen und Linguisten Richard Bandler und John Grinder als offene Methodensammlung zusammengestellt. In ihr wurden gesprächs-, verhaltens-, hypno- und körperorientierte Psychologieansätze zusammengeführt. In einem positionalen Behandlungsmodell führt der Therapeut (engl. Leading) den Klienten zu neuen „Strukturen subjektiver Erfahrung".

ganze Reihe von Instituten verdienen sich gerade mit NLP eine goldene Nase bei der Ausbildung von nichttherapeutisch tätigen Personen. Dabei stellt die Gruppe der Verkäufer einen recht hohen Anteil daran. Doch was für den Psychologen/Therapeuten, den Coach oder Trainer zu inhaltlichem Vorteil bei der Arbeit wird, kann den Verkäufer bewusst oder auch unbewusst zur Manipulation seiner Kunden und Mitmenschen verführen. Er hat ein Machtinstrument in Händen, welches für die Angelegenheit des Verkaufens in seiner Wirkung eher überdimensioniert als passend ist.

Gerade hier bietet das in der beruflichen, nichtpsychologischen Praxis ausgesprochen wirkungsvolle, sehr viel weniger auf direkte Veränderungsprozesse angelegte Riemann/Thomann-Modell eine ganz hervorragende Alternative. Quasi ein goldener Mittelweg, um nicht in eine „manipulative Sackgasse“ zu geraten. Riemann/Thomann richtig angewandt hilft dem kundigen Anwender, sich selbst und andere Menschen im Wesen schneller und besser zu erkennen, um sich auf diese Weise einfach besser auf sie einstellen zu können. Eine völlig ausreichende und sichere Grundlage, auf der sich Verkaufsgespräche erfolgreich aufbauen lassen. Ohnehin sollte der Verkäufer in seiner Rolle nicht „überpsychologisieren“, sondern sich ganz auf seine verkaufende Rolle konzentrieren.

Die tatsächliche, absichtliche (bei NLP auf langfristig Wirkung angelegte) Veränderung anderer in ihrem kommunikativen oder sonstigen Verhalten liegen nicht in der Natur des Riemann/Thomann-Modells. Gemäß dem Grundsatz „Beziehungsebene dominiert Sachebene“ (siehe Kapitel Kommunikation und Typologie) reicht es für die allermeisten Fälle vollkommen aus, eine funktionierende Wellenlänge herzustellen, damit der Verkaufsprozess höchst zufrieden stellend und fair für alle Beteiligten geführt werden kann. Der Kunde ist unser Kunde. Er ist nicht unser Patient.

10. Das eigene Kompetenzprofil

Wann ist ein Verkäufer ein erfolgreicher Verkäufer?

In Trainings und Coachingsituationen erhalte ich immer einmal wieder Fragen gestellt, wie zum Beispiel „Bin ich denn der richtige Typ für den Verkauf?“ oder „Wie muss ein erfolgreicher Verkäufer sein?“

Dazu gibt es, aus meinen Erkenntnissen heraus, keine eindeutige Antwort. Prinzipiell kann jeder Mensch das Verkaufen erlernen. Doch tatsächlich findet nicht jeder zum Erfolg dabei. Jeder hat so seine eigene Lebensgeschichte, seine ganz persönlichen Erfahrungen und bringt natürlich auch seine Typeigenschaften mit in diese einzigartige Mischung ein.

Doch will ich die Antwort nicht gänzlich verwehren.

Es gibt Wesenszüge und Qualifikationsmerkmale, die ganz viele erfolgreiche Verkäuferinnen und Verkäufer miteinander teilen. Im Folgenden erhalten Sie eine Übersicht zu diesem „Idealprofil“. Und als solches sollten Sie es auch betrachten. Diesem Profil muss niemand wirklich exakt so entsprechen. Aber es enthält konkrete Anhaltspunkte für die kritische Eigenbetrachtung und es bietet Impulse für Weiterbildungsmöglichkeiten.

Was die Typologie, insbesondere den eigenen Typ im Riemann/Thomann-Modell angeht, so lässt sich doch feststellen, dass viele erfolgreiche Verkäuferinnen und Verkäufer (empirisch ermittelt in zahlreichen Verkaufstrainings und Einzelcoachings) keine stark ausgeprägten Distanztypen sind. Dagegen finden sie sich sowohl im

Dauer- als auch Wechselbereich gleicher Maßen. Wie Sie sehen – ein weites Feld an Möglichkeiten.

Qualifikationsraster: Ein Idealprofil

Die Anforderungen an Verkäuferinnen und Verkäufer nehmen bedingt durch die Wettbewerbssituation immer mehr zu. Neben der allgemeinen Verkäufer- und Sozialkompetenz werden, vor allem im Bereich der Investitionsgüter, ein fundiertes Wissen im spezifischen Fachumfeld (Produkt-/Leistungswissen) und ein ausreichendes Verständnis betriebswirtschaftlicher Zusammenhänge erwartet. Der Verkäufer avanciert über die Verkaufsrolle hinaus zum Berater des Kunden bei dessen Investitions- und Kaufentscheidungen.

Je besser diese Partnerschaft entwickelt ist (gerade im Business-to-Business-Geschäft, im Key Account Management), desto früher wird der Verkäufer in die Planungen seines Kunden einbezogen und erhält frühzeitig Gelegenheit, Kaufentscheidungen herbei zu führen.

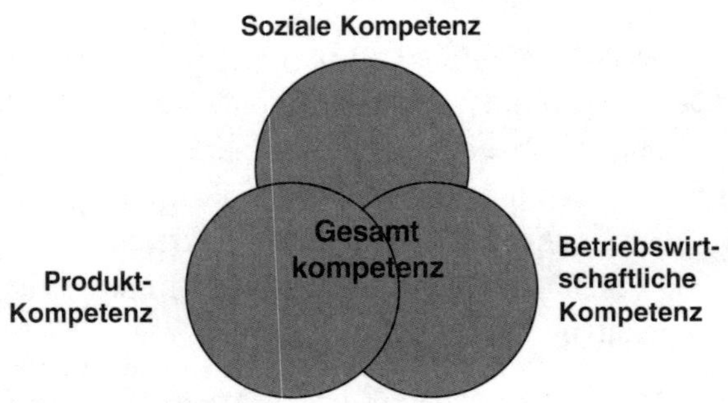

Soziale Kompetenz

Wesentliche Merkmale der sozialen und kommunikativen Kompetenz (auch oft als „Verkäuferkompetenz" bezeichnet) in Verkaufs- und Beratungstätigkeiten sind:

- Ein stabiles Selbstvertrauen (Abwesenheit von Selbstzweifeln)
- Gutes Auftreten und Benehmen
- Hohe Kontaktbereitschaft (Positive Einstellung zu anderen Menschen, Abwesenheit von Rückzugstendenzen, Harmoniebedürfnis)
- Eigeninitiative und Einsatzbereitschaft
- Optimismus
- Hohe Belastbarkeit (Gelassenheit bei Anforderungen, Misserfolgstoleranz, Stabilität, Energie)
- Motivation (zum Beispiel zu mehr Eigenverantwortlichkeit oder aus dem Streben nach finanzieller Sicherheit oder Statusorientierung heraus)
- Klare Schwerpunktsetzung im Beruf
- Durchsetzungswillen und Dominanzstreben für eine hohe Abschlusssicherheit
- Methodische Ausbildung: Systematik, Planungsfähigkeit, Präsentation und Rhetorik, Moderation
- Einfühlungsvermögen
- Klarheit über Eigenbild und Fremdbild
- Gute Menschenkenntnis und gegebenenfalls fundierte, umsetzbare kommunikationspsychologische Kenntnisse

Produkt/Dienstleistungskompetenz

Unter der Produkt/Dienstleistungskompetenz versteht man vor allem das anwendungsbezogene Wissen um das zu verkaufende Produkt bzw. die Dienstleistung. Beispiel: Ein Softwareverkäufer sollte Grundlagenwissen in der Datenverarbeitung haben, das Produktumfeld kennen (Plattformwissen, Wettbewerbsprodukte, Komplementärprodukte), sowie das eigentliche Produkt präsentationsfähig beherrschen und darüber hinaus eine ausreichende Affinität zu den angebotenen Leistungen und Produkten besitzen. Fachliche Kompetenzen können sich – je nach Branche - beispielsweise zusammensetzen aus:

- Gute fachliche Kenntnisse der eigenen Produkte, deren Aufbau und Wirkung
- Anpassungs- und Integrationsmöglichkeiten der eigenen Produkte auch im Zusammenspiel mit anderen Technologien (z.B. im EDV-Markt; hier mit Informationssystemen wie SAP, Oracle, Act!), die aktuell den Standard im eigenen Marktsegment darstellen und daher in vielen Kundenunternehmen zu finden sind.
- Verständnis von Dienstleistungsprozessen
- Projektmanagement
- Technisch orientiertes Marktwissen (zu Wettbewerbsprodukten, technischen Entwicklungen)
- Ingenieurswissen (z.B. im Maschinenbausektor)

Betriebswirtschaftliche Kompetenz

Die betriebswirtschaftliche Kompetenz des Verkäufers/der Verkäuferin sollte soweit ausgebildet sein, dass er/sie in der Lage ist, doch mindestens die wirtschaftlichen und gesetzlichen Vorgänge und Konsequenzen beim Verkaufsabschluss einigermaßen gut zu verstehen. Des Weiteren, insbesondere im Investitionsgüterbereich, ist ein ausreichendes Verständnis der betriebswirtschaftlichen Situation des Kunden ebenfalls erforderlich. Nur so kann der Kunde das Verkaufsgespräch als wertvolles Beratungsgespräch (Consultative Selling) empfinden und den Verkäufer als Partner, der ihn zu einer guten Lösung führt, verstehen und annehmen.

Bei Führungskräften im Vertriebsbereich sind Wissen und Fähigkeit zur betriebswirtschaftlichen Analyse der eigenen Verkaufssituation unabdingbar. Dies betrifft Strukturen genauso wie wichtige Kennzahlen, die heute in vielen Unternehmen Standard geworden sind, wie beispielsweise:

- Der Aufbau und die einzelnen Positionen einer Gewinn- und Verlustrechnung
- Die Struktur und die Inhalte einer Bilanz, ebenso die Bedeutung der einzelnen Positionen darin
- Leistungsdaten zum finanziellen Mantel eines Unternehmens; Verständnis und sicherer Umgang mit Begriffen wie ROI, EBIT, Deckungsbeitrag, Abschreibung, Cashflow
- Strategien zur Qualitätsverbesserung (wie z.B. TQM)
- Strategien zur Kostensenkung
- Typische Zeitfaktoren als Indikatoren für die Leistungs- und Wettbewerbsfähigkeit (wie Time-to-Market, Leadtime, Auslastung)
- Change Management-Prozesse und ihre Auswirkungen
- Typische Unternehmensstrukturen
- Entscheidungsprozesse und deren Steuerung
- Marktgerechte Finanzierungsmöglichkeiten (Kauf, Miete, Leasing; Abschreibungsmodelle)
- Zeitgemäße Modelle zur Unternehmensführung und Leistungssteigerung

Der Weg zu mehr Erfolg

Durch gezielte Aus- und Weiterbildungsmaßnahmen kann die Leistungsfähigkeit (Ausgangskompetenz) auf ein höheres Erfolgsniveau (Zielkompetenz) gebracht werden. Basiswissen und -fähigkeiten werden oft sehr erfolgreich in Verkaufsseminaren vermittelt und methodisch eingeübt.

Individuelle Einzeltrainings (Coaching) können ein guter Weg sein, die persönlichen Fähigkeiten in der Praxis zu kontrollieren und weiter auszubilden. Insbesondere für Verkäufer mit Erfahrung ist dies ein möglicher Weg, noch nicht ausgeschöpfte Leistungspotenziale ausfindig und für sich nutzbar zu machen.

Was immer Sie sich vornehmen, um Ihre Qualifikation zu verbessern, bedenken Sie auch hier die schon einmal erwähnten Regeln von Paul Watzlawik:

1. Jeder Mensch kann sich ändern.
2. Ich kann mich nicht beliebig ändern.
3. Ich kann andere nicht ändern.

Und es gilt ebenfalls: Sie müssen sich nicht ändern.

Für die vertiefende Ermittlung des eigenen Profils, gibt es weitere geeignete Methoden wie: die Potenzialanalyse (z.B. durch Tests), systematische Interviews, Gruppenfeedback in professionellen Verkaufs- und Persönlichkeitstrainings oder auch in Assessment-Centern.

Der Weg zur Freisetzung des persönlichen Verkaufspotenzials führt insofern mindestens über eine geeignete Analyse und Diagnose.

Welcher Verkäufertyp sind Sie?

Im Verkaufsgespräch treffen wir nicht nur auf Kunden und dementsprechend auf Kundentypen. Wir bringen uns selbst mit ins Spiel, unsere Persönlichkeit, unseren Typus. Wir verkaufen eben auf „unsere ganz eigene, persönliche Art" und entwickeln mit der Zeit unseren eigenen Verkaufsstil. Was wäre also spannender, als selbst einmal den Versuch zu wagen, in den Spiegel zu schauen, um zu entdecken, wer uns da entgegenblickt.

Im Folgenden haben Sie die Möglichkeit, sich über einen kurzen Test einen ersten Eindruck zu verschaffen, welchem Grundtyp des Verkäufers Sie selbst am ehesten entsprechen und welche Stärken, Schwächen oder einfach Eigenheiten Sie mit sich bringen.

Bedenken Sie dabei: Gerade psychologische Test können durch verschiedene Begleitumstände beeinflusst und dadurch in ihrem Ergebnis beeinträchtigt werden. Beispielsweise spielt für das Auswertungsergebnis eine Rolle, ob es uns gelungen ist, die Fragen in diesem Test verständlich für Sie formuliert zu haben, so dass sie sich die Situationen gut vorstellen und Antwortalternativen leicht wählen können. Ferner lassen wir Menschen uns von der aktuellen Situation beeinflussen, so natürlich auch wenn wir einen Test absolvieren. Unsere Stimmung steuert unsere jeweiligen Empfindungen beim Lesen der Fragen und Antwortgeben mit. Wechselt unser Befinden, so kann es sein, dass auch unsere Antworten und damit das Ergebnis verschieden ausfallen.

Daher ist es in jedem Falle empfehlenswert, sich nicht nur auf Testergebnisse zu verlassen. Suchen Sie unbedingt auch das Feedback der Menschen, mit denen Sie täglich zu tun haben. Hier kommen natürlich Ihre Kunden in Betracht oder, wenn Sie ein professionelles Verkaufsseminar besuchen, das durch einen Trainer angeleitete Feedback von Seminarteilnehmern. Vergleichen Sie in jedem Falle das Fremdbild (Sie, aus der Perspektive anderer) mit Ihrem Eigenbild (Sie, aus eigenem Erleben heraus) und das Testergebnis miteinander. In der Summe all' dieser Dinge liegt dann letztendlich die Wahrheit.

Der vorliegende Kurztest ermöglicht Ihnen einen Blick auf Ihr typisches Verhalten im Verkaufsvorgang und Ihre Grundeinstellung heraus. Für tiefer detailliertere Ergebnisse empfehlen wir einen umfangreicheren Test mit professionell begleiteter Auswertung der dann vorliegenden Ergebnisse.

Vorgehensweise für den Test:

Bitte lesen Sie nun zunächst die Fragen bzw. Situationen durch und kreuzen Sie dann jeweils eine der nachfolgenden Zeilen an, die am meisten Ihrer tatsächlichen Antwort bzw. Reaktion entsprechen würde. Übertragen Sie dann die Ergebnisse in die Auswertungstabelle, die Sie nach dem Test finden. Im Anschluss an die Tabelle finden Sie dann auch die Beschreibung Ihres Verkäufertyps.

Nun zu den Fragen:

1. Bei Investitionen und neuen Anschaffungen
   a) gehen Sie ruhig und geordnet vor, um eine sichere Entscheidung zu treffen.
   b) lassen Sie sich gerne von einem sympathischen Verkäufer beraten.
   c) ziehen Sie innovative Lösungen vor und lassen sich gerade

auch von neuen, spannenden Produkten inspirieren.
d) zählen vor allem die objektiven Fakten, der klar erkennbare Nutzen, den der Einkauf mit sich bringt.

2. Was Ihren Freundeskreis betrifft:
a) Sie haben zahlreiche Freunde und Bekannte und kommen schnell und gerne in Kontakt mit neuen Menschen.
b) Sie setzen Sie eher auf wenige, dafür langjährige und gute Freundschaften.
c) Sie überprüfen immer einmal wieder Ihren Freundeskreis und „räumen auf", d.h. trennen sie sich dann von einem Teil dieses Kreises.
d) Sie legen Wert auf beständige Beziehungen zu Freunden, rücken sich aber gegenseitig nicht allzu sehr auf die Pelle.

3. Mit einem Menschen, der Ihnen nahe steht, geraten Sie in eine heftige Auseinandersetzung über eine persönliche Sache.

a) Sie bewahren erst mal die Ruhe, durchdenken die ganze Sache zunächst alleine und kommen dann mit Lösungsvorschlägen auf den anderen zu.
b) Sie setzen sich zusammen und besprechen die Angelegenheit kontrolliert Schritt für Schritt.
c) Sie fühlen sich oft schnell verletzt und nehmen die Sache persönlich.
d) Da kann es schon einmal hoch hergehen und nicht schnell eine Einigung eintritt, dann wechseln sie das Thema und vertagen die Lösung auf eine bessere Gelegenheit.

4. An Ihrem persönlichen Arbeitsplatz fühlen Sie sich dann am wohlsten, wenn
a) er gut geordnet ist und sich die Dinge an ihrem zugehörigen Platz befinden.
b) ihm ein paar persönliche Gegenstände, wie z.B. Fotos von der Familie, die richtige Note verleihen.
c) ein wenig ‚chaotischer' Zustand ihre Kreativität anregt.
d) sie weder durch Privates noch durch Kollegen abgelenkt werden und sich so besser konzentrieren können.

5. Schwierigen Situationen begegnen Sie am ehesten dadurch, dass Sie
a) sich und Ihre Umgebung erst mal in Ordnung bringen, um dann aus einer gesicherten Lage heraus die Schwierigkeiten anzugehen.
b) nach neuen außergewöhnlichen Wegen zur Lösung suchen.
c) dabei auf die gegenseitige Hilfe im Freundeskreis setzen.
d) die Lage in Ruhe überdenken und dann mit kühlem Kopf eine sachliche Lösung angehen.

6. Würden wir Menschen, die Sie gut kennen, nach Ihnen befragen, dann würden diese am ehesten Folgendes als typisch benennen
a) Wenn er/sie mal eine Meinung gefasst hat, dann rückt er/sie nicht mehr so leicht davon ab.
b) Immer wieder auf der Suche nach Neuem im Leben.
c) Auch in Stresssituationen sachlich und überlegt.
d) Der/die spürt sehr schnell ob es mir gut oder schlecht geht und kommt auf mich zu.

7. Es bietet sich im beruflichen Bereich eine interessante Möglichkeit an, in der Karriere voran zu kommen. Diese wäre mit einer Veränderung Ihres Wohnorts verbunden.
a) Sie sind begeistert und nehmen ohne zu zögern an.
b) Sie prüfen sehr genau die sachlichen Aspekte, Vor- und Nachteile des Angebots.
c) Sie freuen sich zwar über das Angebot, aber eine Veränderung des Wohnorts würde auch die Trennung von guten Freunden/Familie usw. mit sich bringen. Diese Begleiterscheinung macht Ihnen Sorgen.
d) Sie möchten lieber die aktuelle Aufgabe noch weiter vertiefen und lehnen ab.

8. Welche Haltung, welche Situation trifft gerade in Arbeitssituationen am ehesten auf Sie zu:
a) Andere Menschen empfinden mich als einfühlsam und ich

habe stets ein offenes Ohr für ihre Sorgen und Nöte.
b) Wenn es gerade hoch hergeht und alle gleichzeitig etwas von mir wollen fühle ich mich in meinem Element und behalte den Überblick.
c) Es ist spannend und befriedigend, sich mit einer Sache länger beschäftigen zu können und sie in Ruhe zu vertiefen.
d) Gerade in beruflichen Angelegenheiten wäge ich sachlich und kühl Vorteile und Nachteile miteinander ab.

9. Welcher Spruch trifft Ihre Lebenseinstellung am ehesten:
a) Ordnung ist das halbe Leben.
b) Die Welt ist groß, ich will sie in all in Ihrer Vielfalt erfahren.
c) Die persönliche Freiheit ist mir sehr, sehr wichtig.
d) Familie und Freunde sind das Entscheidende im Leben.

Auswertung:

Kreuzen Sie nun Ihre Antworten in der nachfolgenden Tabelle an und addieren Sie dann die Anzahl der Kreuze bei Wert A, B, C und D unten.

Frage	Wert A	Wert B	Wert C	Wert D
1	a	c	b	d
2	b, d	a, c	a, b	c, d
3	b	d	c	a
4	a	c	b	d
5	a	b	c	d
6	a	b	d	c
7	d	a	c	b
8	c	b	a	d
9	a	b	d	c
Summe:				

Ergebnisse:

Nachfolgend finden Sie jeweils zwei Beschreibungen, die ihr typisches Verhalten, Ihre Einstellung in der Begegnung mit Kunden, im Verkaufsgespräch darstellen (siehe Auswertungsergebnis).

<u>Wenn Summe A > B:</u>

Als Mensch wie als Verkäufer setzen Sie auf Sicherheit und die beständigen Dinge des Lebens. Wenn Sie Kunden beraten, dann haben alle Aussagen Hand und Fuß, Ihr Gegenüber kann sich auf Sie verlassen. Bei der Auswahl eines Produktes oder der Argumentation für ein

Produkt, konzentrieren Sie sich gerne auf eher konservative Eigenschaften, wie beispielsweise die Zuverlässigkeit und Sicherheit. Fragt der Kunde nach Referenzen, haben Sie diese gerne und sofort parat. Arbeiten Sie in einer Verkaufsorganisation, die bei strategischen Aufgaben zwischen Neukundenakquise und Bestandskundenpflege trennt, dann liegen Ihnen Kunden, mit denen Sie bereits arbeiten, einfach näher. Als Key Account Manager sind Sie so in der Lage, auch über längere Zeit Kundenbeziehungen zu vertiefen und auszubauen.

Schwächen könnten in der Flexibilität auftauchen, wenn es darum geht, sich spontan Änderungswünschen des Kunden anzupassen. Kunden, die im Verkaufsgespräch mehrere Male die Meinung und auch ihre Wünsche verändern (auch Spielregeln immer wieder verletzen), entsprechen nicht Ihrem Wunschbild von Kunden. Sicherheit vor Innovation ist nun mal Ihre eigene Devise. Experimente, Neues und Produkte, die noch nicht ausgereift sind, stehen nicht allzu hoch im Kurs bei Ihnen. Bei diesen Kunden und Verkaufssituationen sollten Sie sich ganz bewusst auf Flexibilität und Veränderungen einstellen.

<u>Wenn Summe B > A:</u>

Sie setzen im Verkauf auf Innovation und Kunden, die Neues und Abwechslung suchen, liegen Ihnen besonders gut. Sie stellen sich sehr gerne neuen Herausforderungen und ziehen schon auch mal mit Ideen und Produkten ins Feld, die nicht ausgereift sind und an denen noch entwickelt wird. Neue Kunden kennen zu lernen und zu gewinnen finden Sie deutlich spannender als die Arbeit in der Bestandskundenpflege. Als Verkäufer sind Sie damit eher ein *Hunter*, als ein *Farmer*. Mit Einfallsreichtum, Mut und Vorwärtsdrang macht Ihnen die Suche nach neuen Geschäftsmöglichkeiten viel Freude. Kunden, die Ihnen mit Änderungswünschen und spontanen Ideen ein hohes Maß an Flexibilität abverlangen, sind bei Ihnen in besten Händen. Hier können Sie Ihre ureigensten Stärken ideal einbringen, innovative Produktmerkmale und Eigenschaften glaubhaft und wirkungsvoll präsentieren. Mit einem Kunden im persönlichen Gespräch, ein anderer meldet sich auf dem Handy und ein Kollege bitte Sie zur gleichen Zeit um Unterstützung: das fordert Sie und gefällt Ihnen.

Kunden, die einfach immer nur kaufen, was sie immer gekauft haben, die neuen Ideen und Produktinnovationen wenig aufgeschlossen sind und schon im zweiten Satz um Referenzen bitten – das ist nicht so ganz Ihre Welt. In solchen Situationen und im Zusammenspiel mit konservativen Käufern kann es zum Gefühl der Langeweile und sogar zur Unterforderung kommen. Stellen Sie sich bei diesen Kunden ganz besonders auf die Kundenbedürfnisse Sicherheit und Beständigkeit ein, vermeiden Sie dann neue und kreative Vorschläge, denn diese Kunden empfinden diese eher als risikoreich, denn als gewinnbringend.

Wenn Summe A ~ B:

Sie kommen sowohl mit Kunden, die auf Beständigkeit setzen, als auch mit Kunden, die eher Neues und Innovatives suchen, gut zurecht. Beide Aspekte von Produkten und Dienstleistungen, die Sie anbieten, sind Ihnen gleichermaßen zugänglich und Sie können sich auf die Bedürfnisse Ihrer Kunden in beide Richtungen gut einfühlen und im Gespräch dann auch einstellen. Es besteht keine Neigung, eine von beiden Seiten (dauerhaft / sicher vs. innovativ / abwechslungsreich) zu bevorzugen.

Schwächen könnte es dann geben, wenn der Kunden von Ihnen eine eindeutige Wertung zu Sicherheit oder Innovation verlangt. Versuchen Sie zuerst herauszufinden, welche Tendenz der Kunde bevorzugt, bevor Sie sich in der Bewertung festlegen und argumentieren.

Wenn Summe C > D:

Kunden, mit denen Sie sich auf einer persönlichen, fast freundschaftlichen Ebene im Verkaufsgespräch treffen können, das ist Ihre Welt des Verkaufens. Bei solchen, wie Sie selbst emotional orientierten Kunden verfügen Sie über ein hohes Einfühlungsvermögen, nehmen Wünsche auf der Gefühlsebene schnell und sicher wahr und können sich rasch und verlässlich darauf einstellen. Sie verkaufen „über den Bauch“ und fühlen sich dann besonders wohl, wenn auch die Kunden diese emotionale, nähebetonte Art zurückspiegeln und erwidern. Ihre Kunden schätzen an Ihnen den ganz persönlichen Einsatz und die persönliche Meinung bei der Argumentation im Gespräch. Beziehungsmanagement liegt Ihnen sehr. Es verlangt Ihnen keine besondere Überwindung ab, mit Kunden (z.B. Key Accounts) auch mal bei einem gemütlichen Essen die geschäftlichen Angelegenheiten anzugehen. Überhaupt sind die Grenzen zwischen persönlich/privat und geschäftlich/offiziell eher fließend.

Etwas schwieriger könnte es werden, wenn Ihnen Kunden diese Art der harmonischen Begegnung nicht erlauben und Sie darum anhalten, sich nur auf die sachlichen Belange eines Geschäfts zu beschränken. Da ginge Ihnen doch der menschliche Aspekt, die Beziehung zu sehr ab. Machen Sie es sich hier etwas leichter, konzentrieren Sie sich auf Zahlen, Daten und Fakten der Kundenbedürfnisse und der Produkte, die Sie dazu anbieten. Verzichten Sie unbedingt darauf, den Kunden auch noch zu Ihrem Freund machen zu wollen. Solche Kunden brauchen vor allem Ihre Fachkompetenz und keine Beziehungspflege. Falls Sie Preise und Konditionen verhandeln: Vorsicht bei Kunden, die Ihnen auf der Gefühlsebene gleich sympathisch sind. Sie neigen in solchen Fällen dazu, mehr als notwendig Rabatte einzuräumen und mit dem Preis runter zu gehen. Zeigen Sie Disziplin, denken Sie an die eigenen wirtschaftlichen Interessen und setzen Sie diese durch!

Wenn Summe D > C:

Bei Ihnen stehen die objektiven Aspekte bei der Auswahl, Besprechung und beim Zusammenstellen des richtigen Angebots im Mittelpunkt des Geschehens. Mühelos können Sie beispielsweise technische Daten eines Produkts, Zahlen, Daten und Fakten in den Zusammenhang mit den Kundenbedürfnissen bringen und darstellen. Kunden, die besonders Wert auf eine ruhige, fachkompetente Beratung legen, sind bei Ihnen in besten Händen. Ihre kundige Sachlichkeit ist Ihr Trumpf im Ärmel. Mühelos können Sie Produktvergleiche, Charts und technische Aspekte gekonnt präsentieren. Kunden, die diese Fachkompetenz bevorzugen und sich selbst ebenfalls auf die Sache konzentrieren – die liegen Ihnen sehr. Da gibt ein Argument das andere und es entwickeln sich konstruktive, verständige Verkaufs- und

Beratungsgespräche. Abschlüsse erreichen Sie am einfachsten über die sachlich/technische Argumentation.

Es gibt jedoch auch Menschen, die, wenn sie ihr Geld beim Kaufen ausgeben, Verkäufer benötigen, die sich vor allem auf die emotionalen Aspekte, auf ihre Gefühle einlassen. Hier zählen dann nicht so sehr Zahlen, Daten und Fakten, sondern die persönliche Beziehung zwischen Kunde und Verkäufer. Gewinnen Sie diese Menschen durch eine besonders freundliche Art! Nehmen Sie Ihre Gesprächspartner in erster Linie als Mensch wahr, und nicht nur als Kunden mit Sachbedürfnissen. Für viele Menschen ist die Sympathie ein wichtiger, sogar notwendiger Bestandteil einer als gut empfundenen Kundenbeziehung. Da steht die Begegnung von Menschen im Vordergrund, und zwar auch dann, wenn es um die Befriedigung von Sachbedürfnissen beim Kauf irgendeines Produktes oder einer Dienstleistung geht.

Wenn Summe D ~ C:

Sowohl emotionale, als auch technische Aspekte bringen Sie im Verkaufsgespräch gut zusammen. Sie gehen einfühlsam auf die Persönlichkeit von Kunden ein und loten gleichzeitig deren objektiven (sachlichen) Einkaufsbedarf aus. Dabei werden weder die einen (Verkauf über die persönliche Beziehung) noch die anderen (fachliche, objektive Fakten) Belange übergewichtig betont, wenn es um die Argumentation für oder gegen ein Produkt und die sich daraus entwickelnde Kaufentscheidung geht. Im Idealfall finden Sie genau das richtige Maß zwischen Sympathie und Fachkompetenz, das viele Kunden schätzen.

Aus dieser Tendenz zur Ausgeglichenheit resultieren, wenn überhaupt, die möglichen Schwächen. Extreme, also die Überbetonung von Emotion oder kühler Sachlichkeit, liegen Ihnen nicht und daher liegen Ihnen auch Kunden nicht, die zu einem der beiden Extreme neigen. Erarbeiten Sie sich ein gewisses Maß an Toleranz und sogar Verständnis für beide klaren Ausprägungen, dann sind auch diese Kunden bei Ihnen in guten, das heißt verständnisvollen und damit konsequent kundenorientierten Händen.

11. Übungen

Übung 1: Eigenbild/Fremdbild im Typologieschema

Keine Menschenkenntnis ohne Selbsterkenntnis. Die folgende Übung dient dazu, Eigenbild und Fremdbild im Riemann/Thomann-Modell zu erkunden. Versuchen Sie, beispielsweise in Zusammenarbeit mit Ihren Kolleginnen und Kollegen im Verkaufsteam diese Übung Schritt für Schritt durchzuführen.

Sollten die notwendigen Partner für die Ermittlung von Fremdbildern nicht vorhanden sein, so wäre in jedem Falle die Teilnahme an Trainings- und Seminaren zu empfehlen, an denen persönliches Feedback diesbezüglich professionell ermöglicht wird.

1. **Schritt, Eigenbild:** Versuchen Sie eine Selbsteinschätzung und tragen Sie das Ergebnis in das nachfolgende Schaubild ein.

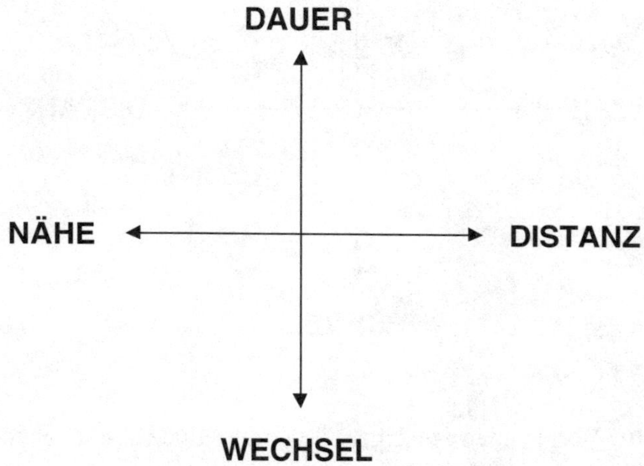

2. Schritt, Fremdbild: Hier tragen Sie die Einschätzung einer Gruppe (die das Riemann/Thomann-Modell ausreichend kennen und ein wenig darin geübt sein sollte, z.B. Seminargruppe mit Anleitung durch einen im Modell gut ausgebildeten Seminarleiter), das Fremdbild ein, ohne der Gruppe bzw. den Feedbackgebern, die eigene Einschätzung vorher zu offenbaren:

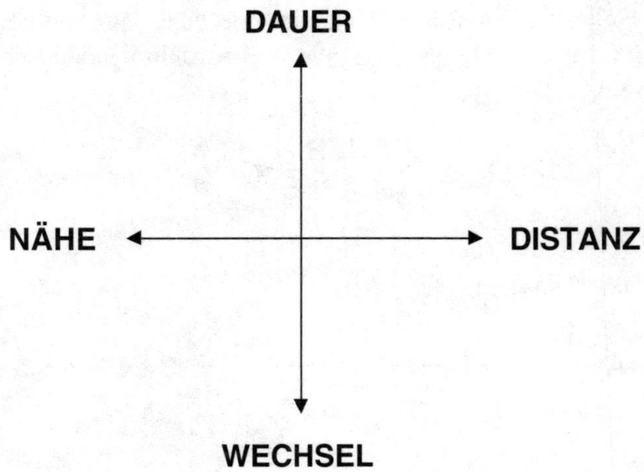

3. Schritt: Vergleichen Sie Eigenbild und Fremdbild miteinander und besprechen Sie nun Übereinstimmungen oder Unterschiede mit Ihren Feedbackgebern.

Übung 2: Ermittlung typbezogener Verkaufsmerkmale für das eigene Unternehmen

In dieser Übung wird das Profil Ihres Unternehmens auf eine typbezogene, argumentative Grundlage gestellt. Was gibt es zu Ihrem Unternehmen zu sagen, was erhält der Kunde, wenn er mit Ihnen Geschäfte macht? Ermitteln Sie 15-20 Unternehmensmerkmale und ordnen Sie diesen den einzelnen Kundentypen zu.

Merkmale und Eigenschaften unseres Unternehmens, die Kunden mit DAUER-Prägung überzeugen:
1.
2.
3.
4.
5.

Merkmale und Eigenschaften unseres Unternehmens, die Kunden mit WECHSEL-Prägung überzeugen:
1.
2.
3.
4.
5.

Merkmale und Eigenschaften unseres Unternehmens, die Kunden mit NÄHE-Prägung überzeugen:
1.
2.
3.
4.
5.

Merkmale und Eigenschaften unseres Unternehmens, die Kunden mit DISTANZ-Prägung überzeugen:
1.
2.
3.
4.
5.

Übung 3: Typbezogene Verkaufsmerkmale zum einem Produkt

In dieser Übung wird das Profil eines Produkts, einer Leistung auf eine typbezogene, argumentative Grundlage gestellt. Was gibt es zu diesem Produkt/dieser Leistung zu sagen, was erhält der Kunde, wenn er es kauft und nutzt? Ermitteln Sie 15-20 Produktmerkmale und ordnen Sie diesen den einzelnen Kundentypen zu.

Merkmale und Eigenschaften unseres Produkts, die Kunden mit DAUER-Prägung überzeugen:
1.
2.
3.
4.
5.

Merkmale und Eigenschaften unseres Produkts, die Kunden mit Wechsel-Prägung überzeugen:
1.
2.
3.
4.
5.

Merkmale und Eigenschaften unseres Produkts, die Kunden mit NÄHE-Prägung überzeugen:
1.
2.
3.
4.
5.

Merkmale und Eigenschaften unseres Produkts, die Kunden mit DISTANZ-Prägung überzeugen:
1.
2.
3.
4.
5.

Beurteilungs-/Analysebogen zu Verkaufsgesprächen

Gesprächseröffnung/Warm Up	**+2**	**+1**	**0**	**-1**	**-2**
Wurde ein positiver Anfang gemacht?					
Wurden Kontaktwiderstände richtig überwunden?					
Hat der Verkäufer Zeitverlust vermieden und dennoch Begegnungsrituale respektiert?					
Wurden aktivierende Fragen gestellt?					
Wurde die Basis für eine gute Beziehung gelegt?					
Bedarfsfeststellung	**+2**	**+1**	**0**	**-1**	**-2**
Wurden die richtigen Informationsfragen gestellt?					
War die Fragestellung höflich und entspannt?					
Hat der Verkäufer den Kunden ausreden lassen?					
Wurden, wo nötig, die Fragen begründet?					
Wurde die Zwischenstation Bedarfsfeststellung erreicht?					
Produkt-/Leistungsvorstellung und Argumentation	**+2**	**+1**	**0**	**-1**	**-2**

Wurden die erhaltenen Informationen benutzt?					
Wurde das Produkt/die Leistung gehoben und aufgewertet?					
Hat der Verkäufer den Dialog gefördert?					
Wurde gleichzeitig das Firmenimage gefördert?					
Wurden die für den Kundentyp wesentlichen Argumente erwähnt?					
Wurden störende Argumente vermieden?					
Perspektive aufzeigen	**+2**	**+1**	**0**	**-1**	**-2**
Wurde bei der Entwicklung einer Perspektive eine bildhafte Sprache verwendet?					
Wie gut wurde die Perspektive vermittelt?					
Verkaufsabschluss	**+2**	**+1**	**0**	**-1**	**-2**
Wie empfanden Sie die Abschlussdominanz des Verkäufers?					
Wie beurteilen Sie das Gesprächsergebnis?					
Inwieweit wurden mit dem Verkaufsabschluss die Ziele des Unternehmens angestrebt, wie z.B. Volumen, Preis, Marge usw.?					

12. Vier mal sieben Tipps für traurige Verkäufer

1. Meiden Sie unbedingt den persönlichen Kontakt mit Kunden und greifen Sie lieber auf schriftliche Kontaktmöglichkeiten zurück, denn Kunden empfinden eine persönliche Beratung grundsätzlich als lästig.
2. Gehen Sie nur zu Ihren Kunden, falls es nicht anders geht. Bestellen Sie stattdessen Ihre Kunden lieber zu sich in Ihre Räume ein.
3. Halten Sie sich kurz mit Smalltalk und unnötigen Begrüßungsritualen. Kunden kommen grundsätzlich gerne sofort zur Sache.
4. Geben Sie Gesprächspartnern bei der Begrüßung nie die Hand. Sie könnten dies als unhöflich und unappetitlich finden.
5. Vermeiden Sie den direkten Blickkontakt. Der Kunde könnte schließlich davon eingeschüchtert sein.
6. Bleiben Sie unbedingt sachlich und vermeiden Sie jegliche emotionale Anwandlungen. Es geht nur um Produkt und Geld.
7. Beherzigen Sie in Verkaufsgesprächen die eiserne Regel: Viel sprechen, wenig zuhören. Das erleichtert dem Kunden das Einkaufen enorm und er freut sich über jeden Monolog von Verkäufern.
8. Übertreiben Sie es also nicht mit Ihrem Einfühlungsvermögen und allzu viel Verständnis. Der Kunde könnte Sie sonst für einen Psychiater halten.

9. Geben Sie frühzeitig Kaufempfehlungen, das beschleunigt den Entscheidungsprozess.

10. Stellen Sie keine Fragen, denn das könnte als lästig empfunden werden. Geben Sie stattdessen lieber fachlich fundierte Antworten, die sie vorher auswendig gelernt haben.

11. Ein Kunde, der nach dem Preis fragt, ist ein unangenehmer Kunde. Lassen Sie ihn lieber zur Konkurrenz ziehen. Die kann sich ja mit ihm rumplagen.

12. Erziehen Sie ihre Kunden, besonders die schwierigen! Sie freuen sich über diese persönliche Hilfestellung sehr.

13. Bieten Sie ihren Kunden ein möglichst ausgefallenes Äußeres. Mit interessanter Kleidung, ausgefallenem Schmuck und dick aufgetragenem Parfum bleiben Sie einfach länger im Gedächtnis.

14. Bemühen Sie sich nicht zu sehr, zeigen Sie kein übertriebenes Engagement. Kunden entscheiden sich lieber ganz alleine und ohne lästige Verkäuferempfehlungen.

15. Seien Sie selbstlos und schicken Sie Kunden gleich zur billigeren Konkurrenz. Dann spart der Kunde Geld und kommt jederzeit gerne wieder.

16. Achten Sie nicht auf besondere Eigenheiten des Kunden und passen Sie sich nicht dem Kunden an. Er zieht kompromisslose Authentizität vor.

17. Sagen Sie dem Kunden stets und jederzeit die persönliche Meinung. Das hilft ihm und er freut sich über soviel Offenheit eines Lebensexperten.

18. Gebrauchen Sie viele Fremdwörter bei ihren Erklärungen. Das zeigt ihre hohe Intelligenz und der Kunde hält sie für einen Experten.

19. Interessieren Sie sich niemals für die Menschen in der Begleitung des Kunden, schon gar nicht wenn es sich um seine Familie handelt. Er will stets alleine angesprochen werden.

20. Bieten Sie dem Kunden keine Sonderlösungen an. Das kommt ihn viel zu teuer. Empfehlen Sie ihm lieber den Standard, der, mit dem schon andere zufrieden waren.

21. Bediene keine Kunden, die im Stress sind. Das könnte unangenehm und schwierig werden.

22. Weisen Sie Reklamationen zu Produkten oder Dienstleistungen des Kunden stets zurück. Sie sind schließlich der Verkäufer und nicht der Hersteller oder der Servicemitarbeiter. Verweisen Sie lieber zur Beschwerdestelle. Dort wird er von den zuständigen Kollegen sehr viel besser ruhig gestellt.

23. Seinen Sie bei Terminen mit den Kunden nicht zu pünktlich. Das unterstreicht ihre akademische Lässigkeit und stimmt den Kunden gut auf das Gespräch ein.

24. Machen Sie unbedingt die Konkurrenz und ihre Produkte schlecht. Das hilft dem Kunden sich gezielt zu orientieren.

25. Sprechen Sie im Gespräch mit gebildeten Kunden die wichtigen Themen der aktuellen Nachrichten an: Religion, Sexualität, Parteien und Politik. Das zeigt ihren Standpunkt und erzeugt spannende Unterhaltungen.

26. Machen Sie diskriminierende Witze. Das zeigt dem Kunden ihren toleranten Humor und lockert ihn für das Gespräch auf. Blondinenwitze kommen übrigens besonders gut an, besonders bei Frauen.

27. Machen Sie, wenn sie ein Mann sind, weiblichen Kunden zweideutige Komplimente. Es zeigt ihr persönliches Interesse an der Kundin und steigert die Anziehungskraft. „Sex sells“ heißt schließlich die Regel im Verkauf.

28. Hauen Sie ihre Kunden so oft es geht über’s Ohr, denn diese tun es schließlich auch.

13. Nachwort und Danksagung

Grundsätzlich kann jeder Mensch das Verkaufen erlernen. Auch Menschen, die beruflich nicht die Bezeichnung Verkäuferin oder Verkäufer auf ihrer Visitenkarte stehen haben, finden sich plötzlich in Situationen wieder, in den sie etwas verkaufen. Sei es ein gebrauchtes Automobil, ein Ölgemälde, ein Möbelstück oder auch ein Eigenheim, wenn der Wohnort gewechselt wird. Ein gewisses Verkaufstalent ist dabei sicher hilfreich, jedoch nicht alles.

Um im Verkauf ein hohes Maß an Professionalität und Können zu erreichen, benötigt es darüber hinaus jahrelange Erfahrung und stete Lernbereitschaft. Das Studieren menschlicher Eigenheiten, des menschlichen Verhaltens steht dabei sicher im Mittelpunkt. Ganz besonders das Wissen um die eigene Persönlichkeit und eigene Kommunikations- und Verhaltensmuster. Ein selbstbewusster Verkäufer – und das wäre bestimmt anzustreben – kennt eben nicht nur seine Kunden gut, er kennt vor allem auch sich selbst gut. Selbstbewusstsein entsteht im Kern aus der Erfahrung, sich seiner Selbst bewusst zu werden.

Methodische Erkenntnisse, Modelle und Hilfen können ebenfalls genutzt werden, um sich beständig weiter zu qualifizieren. In diesem Buch liegt der inhaltliche Schwerpunkt auf zwei Themenbereichen. Es finden sich wichtige Elemente der Verkaufspsychologie und der Gesprächsführung darin.

Noch ein Wort zum einige Male erwähnten Riemann/Thomann-Modell. Die Erklärungen und Handlungsableitungen in diesem Buch basieren nicht nur auf der in Fachbüchern dargelegten Theorie, sondern vor allem auch auf eigenem, praktischem Erleben des Modells in der Praxis - als Mensch, Trainer und Verkäufer. Meine Erkenntnisse und Interpretationen können sich daher von der Absicht und Auslegung dieser beiden Wissenschaftler unterscheiden. Ich bitte dies beim

Lesen zu berücksichtigen oder wie heißt es doch so treffend: Der Mensch irrt, solange er nur denkt. Seien Sie also ebenso kritisch wie offen beim Lesen und Aufnehmen der Inhalte dieses Buches.

Ebenso kann weder ich noch ein anderer Autor Vollständigkeit zur mehr als komplexen Materie innerhalb eines Buches anbieten. Dazu ist der Kompetenzbereich Verkauf viel zu breit angelegt. Dennoch würde ich mich sehr freuen und glaube fest, Ihnen, den Leserinnen und Lesern, etwas ebenso Spannendes wie Nützliches für die eigene Weiterbildung im Verkauf angeboten zu haben. Vielleicht konnte ich Ihnen darüber hinaus auch Appetit machen, es nicht dabei zu belassen, sondern auch aus anderen Quellen zu schöpfen. Nutzen Sie dabei vor allem die eigenen, praktischen Erfahrungen im täglichen Verkaufsgeschehen und in allen Begegnungen mit anderen Menschen.

Ich wünsche Ihnen, geschätzte Leser, viele, gute Geschäfte, gelungene Verkaufsgespräche und vielleicht auch ein paar spannende, nicht allzu schmerzliche Niederlagen. Gerade aus diesen lässt sich, wenn wir uns die Vorgänge im Nachhinein nochmals bewusst machen und überdenken, besonders viel lernen.

Ein Buch schreibt sich nicht von selbst. Es bedarf auch der Recherche, der stillen Arbeit am Computer und vor allem Zeit. Somit danke ich ganz besonders meiner Familie, meiner Frau Regine und meinem Sohn Maximilian, die mir den notwendigen Freiraum und viel Zeit eingeräumt hat.

Ein ganz besonderer Dank gilt ebenso den zahlreichen Kunden aus über zwei Jahrzehnten im Verkauf, meinen Auftraggebern unterschiedlichster, spannender Projekte, den vielen Seminarteilnehmerinnen und Seminarteilnehmer und meinen geschätzten Trainerkollegen. Von ihnen allen konnte ich lernen und darf es täglich wieder.

Mein Dank gilt an dieser Stelle auch Frau Jasmin Kirchner für die Textredaktion, ihre konstruktive Kritik und die hilfreichen Anmerkungen zu Inhalt und Form dieses Buches.

Ich danke meinen Eltern, Inge und Karl Heinz Lorenz, die mir von Kindheitsbeinen in ihrem Fachgeschäft vorlebten, wie spannend das

Verkaufen sein kann und wie Kundenorientierung im allerbesten Falle aussieht. Ich danke Herrn Paul Völter, der mir die wichtige Bedeutung von Disziplin und Demut in der Persönlichkeitsentwicklung aufzeigte. Ich danke Herrn Pater Hans Lamers, der mich in meiner neunjährigen Internatszeit im Studienheim Sankt Pirmin, Dahn an eine freiheitliche und weltoffene Lebenseinstellung heranführte. Ich danke Herrn Walter Bohn, ehemals Lehrkraft, zum damaligen Zeitpunkt Studienrat, am Otfried-von-Weißenburg Gymnasium, Dahn. Er ermunterte mich stets zu kritischem Denken und zu Leistung und begleitete meine ersten schriftstellerischen Versuche während der Schulzeit geduldig.

14. Kleines Glossar

Das nachfolgende Glossar enthält der Einfachheit halber einige nicht immer ganz selbsterklärende Begriffe für die Leserschaft. Es erhebt keinen Anspruch auf Vollständigkeit und komplette Allgemeingültigkeit. Vielmehr können die beschriebenen Begriffe zum bessern Verständnis des Textes herangezogen werden, ohne andauernd in Duden, Lexikon oder Internet nach Erklärungen suchen zu müssen.

Charakter	Gesamtheit der geistig-seelischen Eigenschaften eines Menschen, seine Wesensart.
Computer Based Training	Computerunterstütztes Lernen, Training mit Hilfe von Softwareprogrammen
Diagnose	Unterscheidende Beurteilung, Erkenntnis. In diesem Buch auch gebraucht für die Typbeurteilung.
dominant	Vorherrschend, überdeckend, beherrschend, bestimmend
emotional	gefühlsbetont, aus einer inneren Erregung erfolgend, mit Gefühlen verbunden
EQ Emotional Quotient	Grad der Fähigkeit, Gefühle erkennen und mit ihnen umgehen zu können.
Grundstrebungen	Grundlegende Wünsche und Bedürfnisse eines Menschen, die Teil seines individuellen Typus sind. Diese

	Grundstrebungen sind bei einem Menschen tendenziell langfristig angelegt und verankert.
Gruppe	Ansammlung von Menschen mit einem verbindenden Kontext (vgl. Begriff: Team)
Harmonie	Als wohltuend empfundene innere und äußere Übereinstimmung.
Impuls	Anstoß, Anregung, Antrieb, innere Regung.
Innovation	Entwicklung neuer Ideen, Techniken, Produkte usw. (Anm. innovativ zu sein, bedeutet auch, bereit sein, bestehende Regeln zu brechen)
interpretieren	Einen Text (eine kommunikative Botschaft) auslegen, deuten.
Kommunikationsquadrat	Kommunikationsmodell von Friedemann Schulz von Thun zur Interpretation kommunikativer Botschaften. Auch genannt: „Hören mit vier Ohren“ usw.
Kompetenz	Zuständigkeit, Befugnis. Aber auch: Fähigkeit des Sprechers einer Sprache, mit einer begrenzten Anzahl von Elementen und Regeln eine unbegrenzte Anzahl von Äußerungen zu bilden und zu versehen, sowie über die sprachliche Richtigkeit von Äußerungen zu entscheiden.
Konsequenz	Folgerichtigkeit, Zielstrebigkeit, Beharrlichkeit, Aus- und Nachwirkung einer Handlung.

kooperativ	Zusammenarbeitend, gemeinsam.
Manipulation	Bewusster und gezielter Einfluss auf Menschen ohne deren Wissen und oft gegen deren Willen. Absichtliche Verfälschung von Information. Machenschaft, undurchsichtiger Kniff.
Motivation	Summe der Beweggründe, die das menschliche Handeln auf den Inhalt, die Richtung und die Intensität hin beeinflussen.
Narzissmus	Eitelkeit, Selbstbezogenheit, Selbstliebe.
Overselling	Bei Verkaufsvorgängen: zuviel des Guten. Schadet in der Regel dem eigentlichen, zentralen Verkaufsvorgang. Oft: Gebrauch zu vieler Argumente. Anstelle von Akzeptanz wird dadurch oft Widerstand beim Kunden erzeugt.
Paradox	Widersinnig, einen Widerspruch in sich enthaltend.
Perspektive	Ausblick, Durchblick, Blickwinkel. Aussicht für die Zukunft.
Psychologie	Wissenschaft von den Erscheinungen und Zuständen des bewussten und unbewussten Seelenlebens.
Rolle	Personifizierte Darstellung bei einem Schauspiel, einem Film oder beispielsweise im Zusammenhang mit einer beruflichen oder privaten Funktion: Rolle des Geschäftsführers, Rolle des Vaters, Rolle der Mutter, Rolle des Liebhabers usw.

Rollenspiel	Interaktives Spiel zwischen Menschen, die eine bestimmte Funktion wahrnehmen (s. Rolle)
Sympathie	Zuneigung, Wohlgefallen. Verbundenheit aller Teile des Ganzen, sodass, wenn ein Teil betroffen ist, auch alle anderen Teile betroffen sind. Ähnlichkeit in der Art des Erlebens und Reagierens.
Team	Arbeitsgemeinschaft. Mannschaft. (Teamarbeit steht für ein Wertesystem, das positive Verhaltensweisen fördert, wie Zuhören und konstruktiv auf Meinungsäußerungen anderer reagieren, anderen im Zweifel Recht geben, die unterstützen, die Hilfe benötigen, die Interessen und Leistungen anderer anerkennen. vgl. Katzenbach/Smith 1993, S.40)
Typisierung	Festlegung des Typs durch Diagnose in einem Typologiesystem bzw. einer Typologie.
Typologie	Wissenschaft, Lehre von der Gruppenzuordnung auf Grund einer umfassenden Ganzheit von Merkmalen, die den Typ kennzeichnen. Einteilung nach Typen.
Unternehmen	Komplette Organisationseinheit mit Rechtscharakter im wirtschaftlichen Kontext.
Wesenszug	Teil der Wesensart. Siehe auch: Charakter

Win-Win-Haltung	Im Zusammenspiel mit anderen Menschen: Einstellung und Haltung, bei der alle beteiligten Partner am Ende einer Interaktion, Handlung, Kommunikation gewinnen sollen.

15. Literatur

Ditko, Peter H.: In Bildern reden. Econ Verlag, Düsseldorf 1996.

Günther, Ullrich u. Sperber, Wolfram: Handbuch für Kommunikations- und Verhaltenstrainer. Ernst Reinhardt Verlag, München 1995.

Harris, Amy Bjork u. Thomas: Einmal o.k. immer o.k. Transaktionsanalyse für den Alltag. Rowohlt Verlag, Hamburg 1985.

Katzenbach, Jon R. und Smith, Douglas K.: Teams – Der Schlüssel zur Hochleistungsorganisation. Ueberreuther, Wien 1993.

Kerler, Richard: Kennen Sie Herzberg? Verlag Moderne Industrie, Landsberg 1992.

Luft, Joseph: Einführung in die Gruppendynamik. Klett-Verlag, Stuttgart,1973.

Lumma, Klaus: Die Teamfibel. Windmühle Verlag, Hamburg 1994.

Molcho, Samy: Alles über Körpersprache. Mosaik Verlag, München 1995.

Molcho, Samy: Körpersprache. Goldmann Verlag, München 1996.

Morris, Desmond: Bodytalk. Heyne Verlag, München 1995.

Pease, Allan u. Barbara: Warum Männer nicht zuhören und Frauen schlecht einparken. Ullstein Taschenbuchverlag, München 2000.

Riemann, Fritz: Grundformen der Angst. Ernst Reinhardt Verlag, Basel 1989.

Sprenger, Reinhard K.: Das Prinzip Selbstverantwortung. Campus Verlag, Frankfurt 1995.

Schulz von Thun, Friedemann: Miteinander reden 1. Störungen und Klärungen. Rowohlt Taschenbuch Verlag, Hamburg 1981.

Schulz von Thun, Friedemann: Miteinander reden 2. Stile, Werte und Persönlichkeitsentwicklung. Rowohlt Taschenbuch Verlag, Hamburg 1989.

Schulz von Thun, Friedemann: Miteinander reden 3. Das ‚Innere Team' und situationsgerechte Kommunikation. Rowohlt Taschenbuch Verlag, Hamburg 1998.

Schulz von Thun, Friedemann u.a.: Miteinander reden: Kommunikationspsychologie für Führungskräfte. Rowohlt Taschenbuch Verlag, Hamburg 2000.

Thomann, Christoph: Klärungshilfe: Konflikte im Beruf. Rowohlt Taschenbuch Verlag, Hamburg 1998.

Thomann, Christoph u. Schulz von Thun, Friedemann: Klärungshilfe. Rowohlt Taschenbuch Verlag, Hamburg 1998.

Watzlawick, Paul u.a.: Menschliche Kommunikation. Verlag Hans Huber, Bern 1974.

16. Abbildungen

Die in diesem Buch gezeigten Fotografien der Rollenspielszenen stammen aus der bewährten Kamera von Marc Sigrist, Fotodesigner in München.

An den Rollenspielen beteiligte Personen waren Simone Schneidermeier, Model aus Burghausen sowie der Autor selbst.

Einen herzlichen Dank an beide für die engagierte Mitarbeit bei der Gestaltung dieser Aufnahmen.

Das Einbandbild stammt von Michael Schwender von MD-Grafix, Weidenthal. Besten Dank auch in diesem Falle.

Autorenprofil

Karl Heinz A. Lorenz

Geb. 1962 in Weidenthal/Pfalz

1968-1981 Internat Studienheim St.Pirmin, Dahn

1981 Abitur am Otfried von Weissenburg-Gymnasium, Dahn

1979: Erster Preisträger um den Preis Deutsche Geschichte des Bundespräsidenten

1982-1985: Studium der Informatik und Wirtschaftswissenschaften an der Universität Kaiserslautern; 1985-1988: Studium der Betriebswirtschaft mit den Schwerpunkten EDV und Marketing an der Berufsakademie Mannheim. Abschluss 1985 als Diplom Betriebswirt (BA).

Trainer- und Beraterausbildung Integrata AG. Ausbildung zum Kommunikationsberater und Coach am IWL Institut für Wissenschaftliche Lehrmethoden (Prof. Friedemann Schulz von Thun). Mehrjährige Tätigkeit als Unternehmensberater, sowie in Führungsaufgaben auf oberer Managementebene.

Schwerpunktthemen als Trainer und Coach: Rhetorik und Präsentationstechnik. Gesprächsführung und Verhandlungsmethodik. Verkauf, Messearbeit und Kundenorientierung. Führung und Management. Persönlichkeitsentwicklung. Teamentwicklung. Betriebswirtschaft und Betriebsführung. Strategieentwicklung. Heute: Inhaber von Lorenz-Seminare Personality&Competence Training, Weidenthal. Im Internet: www.lorenz-seminare.de